彭《ほう》徳《とく》懐《かい》の中国革命

毛沢東に直言した熱血・清廉な軍人の生涯

志田善明
SHIDA Yoshiaki

文芸社

目次

まえがき

本書の内容は、著者が二〇一八年四月から二〇二一年三月まで在籍した法政大学通信教育部・文学部史学科で卒業論文として記したものを基にしている。

中国革命の群像の中から彭徳懐《ほうとくかい》（ポン・ドーファイ）をテーマに選び卒業論文の執筆を開始した。

当初は「知りたい人」としてテーマに選んだが、研究を進めるとともに、彭徳懐なる人物に好感を抱き感情移入する自分を感じた。意図したわけではなかったが感情移入できる人物と出会ったのは実に幸運であり、論文を書き進めるにしたがって彭徳懐を知りたい意欲が増した。

調査研究を進めると、彭徳懐の魅力的な人間性と浮沈の人生があきらかになった。彭徳懐は朴訥であるが明るい人物で、人民を愛し人民から愛された。軍人として勇敢で兵士を愛し兵士から愛され、国民党、日本軍との闘いおよび朝鮮戦争において人民と国（共産党）のために尽力し数々の戦果を挙げ、国防相にまで上り詰めた。しかし、その後廬山会議で毛沢東から糾弾され失脚し、文化大革命の間に紅衛兵や四人組から迫害されて、失意のうちに死亡した。中国革命に人生を捧げた輝かしい前半生と落胆と失意の晩年であった。人間彭徳懐を好きになり、不遇の晩年に同情し、その人生の魅力に惹かれて可能な限りの資料を探索し、エネルギーを注いで論文を執筆した。論文完成時には、彭徳懐という素晴らしい人物の人生に触れた爽やかな満足感を持った。

資料の探索に際しては、CiNii（国立情報学研究所・学術情報ナビゲータ）および国立国会図書館関西館の所蔵資料から、「彭徳懐」をキーワードとして検索した資料全てに加えて、「朝鮮戦争」「大躍進」「廬山会議」などをキーワードとして国会図書館所蔵資料を閲覧・参照した。関西館が著者の居所の近隣にあったのも幸運であった。半年ほど毎日通い閲覧研究した。十分な資料が参照できたと考えている。

完成してみると、著者の論文は、既存の資料に分散して存在した彭徳懐に関する断片的記載を集約統合したうえで論ずることを中心としたが、多くの情報を集約した結果として彭徳懐という人物の生涯をまとまった伝記の形で表現することができたのでは、と考えている。そして、彭徳懐という素晴らしい人物を歴史に埋もれさせないで、書物の形でその生涯を顕在化して世に示すことは意義があるのでは、と考えた。

「彭徳懐という名前は知っていても、詳しくは知らない」と言う人は多いであろう。彭徳懐の生涯をより多くの人に知ってもらいたいし、知らせることで、多少なりとも中国革命と中国現代史の理解に資することを期待している。

これまで存在する彭徳懐の伝記としては、『彭徳懐自述』しかない。この『彭徳懐自述』は前半生に重点が置かれており、また、文化大革命の時期（一九七〇年頃）に彭徳懐が紅衛兵から攻撃を受けていた時期に書かれたものであり、当時の毛沢東とその体制に都合の悪いことは書かれていない。すなわち、彭徳懐の生涯全般を客観的に書いた伝記は存在しない。本書は、客観的な事実情報と可能な限り収集した資料にもとづき、彭徳懐の生涯全体を記載している。

現在（二〇二一年七月）、折しも中国共産党創立百周年にあたり、共産党支配の正しさと習近平主席の指導の正しさが喧伝されているが、このような政治的環境の下では、彭徳懐の生涯が肯定的に周知されるとは考えづらい。これらの点からも、本書の意義があると考えている。

また、彭徳懐の生涯を知ることで、人間としての生き方や組織での生き方に関して有益な示唆が得られる。これも有意義なことと考えている。

本書は中国現代史の専門家の著作ではなく、通信教育で歴史を学んだだけの浅学の高齢者が試みた卒業論文であり学問的な価値は小さいと考えるが、前述した各種の意義があると考え書物にすることにした。

はじめに

彭徳懐を論文テーマに選んだ理由を述べる。

中国革命の群像をテーマに選びたいと考えたとき、浮かんだのが彭徳懐であった。

昔、彭徳懐が朝鮮戦争に従軍中の写真を見た記憶があり、司令官にもかかわらず粗末な軍服を着て兵士と談笑する庶民的な姿がとても印象に残っていた。

また、抗日戦争や朝鮮戦争の英雄にもかかわらず不遇の最期を遂げた、ということも知り、何故《なぜ》そのようになったのかを知りたいと思った。

彭徳懐（朝鮮戦争従軍の頃）

中国革命の群像は数多く、毛沢東、朱徳、周恩来、劉少奇、鄧小平らは個人伝記が書かれているが、彭徳懐については『自述』(1)以外にまとまった伝記がないことも、自分なりに彭徳懐の人生を整理してみたいと考えた理由である。

彭徳懐の生涯の概略を記す(2、3、4)。

一八九八年十月、湖南省湘潭県石潭鎮の貧農の家

に生まれた。湖南省は毛沢東、劉少奇とも同郷である。

八歳で母親と死別、十歳で牛飼い、十三歳で炭鉱の水の汲み上げ、十五歳で日雇い労働者と転々と職を変え、一九一六年、湖南軍（湘軍）に入隊した。

一九二二年、湖南軍官講武堂に入学。二三年秋卒業とともに頭角を現し、二六年の蔣介石の北伐戦争に国民革命軍第八軍（何鍵《かけん》軍）の連隊を指揮し、第四軍独立団として行動した。

この頃、彭徳懐は梁啓超や康有為の変法運動の影響を受けた。陳独秀の主宰した『新青年』を読んで、マルクス主義を初めて知った。

彼は、軍隊内で共産主義青年団員を支援し、兵士委員会を組織したため自由主義将校として評判が高かった。そして一九二八年、三十歳のとき、中国共産党に入党した。

二八年七月、国民党軍は、毛沢東の指導するゲリラ軍を撃つために井崗山《せいこうざん》を包囲した。このとき何鍵軍の第一旅団を指揮していた彭徳懐は反乱（平江蜂起）を起こした。

彼は労農紅軍第五軍を設立、紅軍第五軍長に就任し、革命根拠地を作った。その後、井崗山に撤退し、朱徳、毛沢東の軍と合流した。

二九年一月、毛沢東と朱徳の部隊は、彭徳懐の部隊を残して江西省南部に移動した（やがて瑞金《ずいきん》を中心とする「江西ソヴィエト」に発展する）。

彭徳懐の部隊は国民党軍の猛攻撃を受け、井崗山の死守を試みたが失敗し、転戦の後、朱、毛と再度合流した。

彭徳懐の名を一躍有名にしたのは、一九三〇年七月の李立三《りりっさん》戦略の一環としての長沙攻撃で、何鍵軍六万を撃破して長沙を一時占領し、湖南・湖北・江西三省ソヴィエト政府の樹立を宣言した（これは、国民党軍の反撃に遭い十一日間と短命に終わる）。

三〇年末からの国民党軍の江西ソヴィエト区に対する五回に及ぶ包囲討伐に際しては、彭徳懐は紅軍第三軍を指揮した。

三四年には国民党の攻撃に耐えられず共産党は江西ソヴィエト区を放棄して長征の途につくが、主力軍の先遣隊として敵の封鎖線を突破したのは彭徳懐の部隊であった。

長征時代の一九三四〜三五年の間は紅軍第三軍団長、党内では一九三四年、中共中央委員会候補委員、三五年、中共中央革命軍事委員会副主席、一方面軍司令官兼政治委員、紅軍前敵総司令などを歴任した。延安時代には解放区を守る役割を果たした。

抗日戦では、中共中央軍事委員会委員、八路軍副総司令として華北に広大な抗日根拠地を設立、解放戦争では解放軍総司令、第一野戦軍司令員兼政治委員を担当し、西北地区を解放した。

四五年四月、中共第七回全国代表大会で中共中央委員会委員、同六月、中共中央政治局委員に選出され、同八月、総参謀長に抜擢《ばってき》された。

国共内戦時の四七年三月、紅軍は人民解放軍と改称され総部副司令官、西北野戦軍司令官として中共中央の延安撤退を指揮し、四八年四月には、二・五万の兵力で二十三万の国民政府の胡宗南軍《こそうなんぐん》を壊滅して延安を奪回した。四九年一月、西北野戦軍は第一野戦軍と改称され、同五月、西安を解放した。

彭徳懐は中共中央西北局第一書記となり、同八月、蘭州を解放し、新疆に進軍した。同九月（建国時）には、全国政治協商会議代表、中央人民政府委員会委員、同十月、中国人民革命軍事委員会副主席、同十二月、西北軍政委員会主席に就任した。

朝鮮戦争への参戦が決まると、彭徳懐は毛沢東の指名を受け一九五〇年十月、中国人民志願軍司令官兼政治委員として朝鮮戦争に参加した。

帰国後は人民軍事委員会の日常活動を主宰、五四年から国務院副総理兼任、中共中央軍事委員会副主席、国防委員会副主席、副首相兼国防部長の要職に就き、五五年元帥を拝命した。

叩き上げの軍人である彭徳懐は、革命時期から朝鮮戦争にかけて体得した自己の経験から、人民解放軍の近代化が必要と考え積極的に推進し、これに多大な貢献を果たした。

朝鮮戦争停戦後の一九五三年末に開催された人民解放軍の高級幹部会議において、米国との近代戦争経験を総括し、ある種の非合法勢力（ゲリラ、革命軍）であった紅軍が、国家の正規軍として飛躍を遂げるためには質の近代化が急務であることを強調した。その後の階級制度や徴兵制度の導入、ユニフォームの改定などは、彭徳懐のリーダーシップの下に成し遂げられたものである。

一九五四年、彭徳懐は一連の制度整備に道筋をつけ、次いでハード面での改革に着手し、一九五七年、中共中央軍事委員会拡大会議において、軍部隊内の質的レベル向上を成し遂げるために兵員数を削減し、限られた予算をより有効に活用することを提起した。

彭徳懐主導によって進められてきた人民解放軍の近代化・改革は、後年一九八五年の鄧小平主導の改革や江沢民指導下の改革の手本となっている。その意味において、彭徳懐の先見性、卓越した指導力は評価に値する。

しかしながら、一九五九年に開かれた中国共産党第八期八中全会、いわゆる廬山会議において、毛沢東に糾弾され、さらに同年八月に北京で開催された中央軍事委員会拡大会議では、軍隊の私物化、ソ連との密通などを理由に批判を受け、翌月同委員会副主席、国防部長を解任されるに至った。

六五年に中央西南局三線建設委員会第三副主任に任命されるが、文化大革命で再度批判を受けて監禁され、七四年十一月に死去した。そして、毛沢東死後の七八年十二月に名誉回復した。同年十二月二十四日に行われた彭徳懐同志追悼会での鄧小平の追悼の言葉「沈痛な思いを込めて」（5、資料1）は感動的である。

以上、彭徳懐の生涯の概略を述べたが、本論文では、第一章で彭徳懐の革命家・軍人としての人生を詳述し、第二章で人間・彭徳懐について述べ、毛沢東との確執の歴史および失脚に至った理由と、後世に残した影響を考察する。

彭徳懐の生涯（とくに前半生）については、『彭徳懐自述』に詳しく述べられているので、この文献は詳しく参照した。

また、これ以外にまとまった文献はないので、朝鮮戦争、廬山会議といった関連の歴史事象について書かれた書物や文献から、彭徳懐について書かれた部分を抽出して全体を記述した。

引用文献は文中に【注】記し、各節末に記載した（卒業論文では、論文末に全体の文献リストを記載したが、本書では、紙面の関係で割愛した。全ての参考文献・資料は各節末に記載のリストに掲載されているので実質的な問題はない）。また、彭徳懐関連の年表を作成し、本著作末に収めた。


【注】
（1）『彭徳懐自述　増補版』彭徳懐著（田島淳訳）、サイマル出版会、一九八六年
（2）「彭徳懐　軍の近代化にいち早く取り組んだ知将」宇佐美暁、月刊しにか10（11）、一九九九年十月、三十八～三十九頁
（3）『中国軍事用語辞典』茅原郁生編、蒼蒼社、二〇〇六年、三九八～三九九頁
（4）『現代中国の軍事指導者』平松茂雄著、勁草書房、二〇〇二年、十五～十九頁
（5）前掲、『彭徳懐自述　増補版』十七～二十頁

第一章　彭徳懐の生涯…中国革命とともに

第一節　生誕〜共産党入党、そして中華人民共和国成立まで

1　共産党入党まで

彭徳懐の生涯の前半は、彭自身が記した『彭徳懐自述』[1]とエドガー・スノウの『中国の赤い星』[2]に概説されている。

彭徳懐は、一八九八年十月二十四日に湖南省湘潭県の下層中農の家に生まれた。

彭の家では、母親が八歳のとき死去し、父は再婚したが、その後妻が徳懐を嫌ったため、父は徳懐が好きだった叔母のもとへ彼を送り出した。九歳のときであった。

その後十歳から十二歳の間、牛追いの仕事に就き、次いで十三歳から十四歳のときは炭鉱夫になり、十五歳のときは日雇いなどをして暮らした[3]。

そして、一九一六年三月、十七歳で湘軍（湖南軍）に入り兵卒となった。軍隊に入った理由は家庭の貧しさであった。一九二〇年には小隊長に任ぜられた。

それから間もなく、孫文軍に加わり密偵の役目を引き受けたが、捕まって拷問を受けた。その後釈放され、一九二一年八月、軍に復帰した彭は将校に任官し、湖南軍官学校に合格し入学

した。

この頃、黄公略（後の紅軍第三軍軍長）や李燦（後の第八軍軍長）と親しく交流した(4)。

軍官学校卒業後、一九二三年に軍に復帰し中隊長になった。卒業後急速に頭角を現し累進も早かった。そして、一九二六年五月には営長（大隊長）となった。

それから間もなくして、蔣介石を総司令とする北伐の軍勢が押し寄せ、湘軍は国民革命軍の下に入り、同革命軍第八軍に入った。

二七年十月には二十九歳で連隊長になった。湖南全軍を通じ兵士委員会の意見を求める自由主義将校として評判が高かった。

当時国民党左派に対して、また軍隊内で、あるいは湖南軍官学校内で彭が影響力を持っていたことは何鍵にとっては重大問題であった。

一九二七年の冬、何鍵将軍は麾下《きか》の軍隊内の左派を徹底的に粛清し始め、有名な湖南農民虐殺を開始し、急進的な農民や労働者数千名が〝共産党員〟として殺された。しかし彭に対しては、人気が非常に高かったので弾圧するのを躊躇《ちゅうちょ》した。

一九二七年から二八年にかけては、共産党の活動が活発化した時期である。八・一南昌蜂起を起こし、中国共産党軍は一九二七年八月一日に江西省・南昌に入り、革命委員会を成立させた。共産党の影響力の強い北伐軍部隊三万余が参加した。

革命委員会は、周恩来、賀竜、朱徳ほか二十五人によって構成されていた。そして、八月七日、共産党中央政治局は漢口で緊急会議（八・七会議）を開催し、秋収蜂起と広東コミューンの行動方針を決定し、八月末より労働者と農民の一斉蜂起が行われた。

しかし、この蜂起は、国民党と軍閥の武力の前に敗北し、毛沢東らは「革命根拠地を建てて遊撃戦を行いながら革命勢力を蓄えて武装闘争を進める時期である」と決断した。この直後九月五日、第一次国共合作は終了した。

そして一九二七年十月、毛沢東は江西省井崗山に革命根拠地を建設した。土地革命と農民を組織した武装闘争の基地となり、一九二八年、朱徳、陳毅らの部隊がここで毛沢東と合流した。

このような社会的な動向の中、彭は、共産党員で第八軍にいた段徳昌と接触したことで、次第に左傾化していった。

一九二七年、第一次国共合作が崩壊すると、彭徳懐は国民党から追放され、翌一九二八年二月に中国共産党に入党した。(5)

彭は、梁啓超、康有為その他の毛沢東に影響を与えた多くの作家の著作を読んだ。陳独秀の『新青年』で社会主義を知り、この時点からマルクス主義を勉強するようになる。一九二六年までに『共産党宣言』や『資本論』などを勉強した。そして、「以前は社会に不満を抱いていただけで、根本的な改革ができると思っていませんでした。『共産党宣言』を読んでからは、悲観主義を捨て、社会は変革し得るという新しい確信をもって仕事をするようになりました」と語っている。

彭は一九二八年に共産党に入党したが、それ以前も彼の部隊に共産主義者の青年を入隊させ、政治の勉強ではマルクス主義を学ばせ、兵士委員会を組織した。

彭は、一九二六年に社会主義青年同盟のメンバーである女学生と結婚したが、革命の間は別居していた。一九二八年以来、彼女には会っていない(2)。

彭徳懐は、一九三八年に浦安修（二番目の夫人）と結婚している。

2　平江蜂起、朱・毛との合流、国民党との内戦期

共産党に入党後、一九二八年七月二十二日に彭は蜂起を起こし、平江を占領した。

紅匪としての彭の経歴は、軍閥の省長何鍵将軍麾下の国民党軍で蜂起を指導したこのときから始まった。それ以来反逆者として、あるいは匪賊としての生涯が始まった。

同年七月、国民党軍は毛沢東の指導するゲリラを打つために井崗山を包囲した。

このとき、北方から封鎖することを命じられた何鍵軍の第一旅団を指揮していた彭徳懐は、第一旅団を中核とし、第二、第三旅団と軍官学校候補の一部の参加を得て蜂起して平江暴動を指揮し、これに農民蜂起も合流して、最初の湖南ソヴィエト政府を樹立した。

この蜂起軍を「労農紅軍第五軍」との名称に決め、彭徳懐が軍長に選出された。

二十四日には、蜂起の勝利祝賀会が開かれ、労農ソヴィエト政府と労農紅軍の成立を宣言し

た。

蜂起後、湖南・湖北・江西の反動軍隊による「合同討伐」を受けたが、四十数日かけてこれを粉砕した。

この平江蜂起の成功に関し、彭らはその勝因として、

①共産党の指導があったこと

②省境地区の大衆の支援があったこと

などを挙げている(6)。

この時期は、全国各地で共産党の活動が活発化し支部が立ち上がっていた。彭徳懐グループの平江蜂起も、ローカルな共産党の芽吹きの一つとして発生したものと考えられる。

一九二八年七月、中共六全大会がモスクワで開催され、中国革命の実践の過程から、根拠地建設を、土地革命と武装闘争と結びつけて行うべきであるとする認識が形成されつつあった。中央委員には、劉少奇、周恩来、澎湃《ほうはい》ら実践派が選出され、毛沢東も中央委員に復帰した。中国労農紅軍第四軍が組織されると、毛沢東が党代表、朱徳が軍長、陳毅が政治部主任として運営に当たったった。

農民は初めて自分たちの味方の軍隊を見た。十三省三百余県に影響力を持つ大小十五の農村革命根拠地が形成され、江西省（中央革命根拠地）を中心に総兵力六万人を擁する革命勢力となった。

一九二八年十一月になると、党の省委員会の指示で、彭は五個大隊（七五〇〜八〇〇人）を率いて井崗山に向かった。

まず、第四軍の朱徳軍長と、そして同軍の党代表の毛沢東と会見した。毛沢東は、「これから君も我々と同じ道を進むことになったね。中国革命の条件は成熟している。いますぐ社会主義革命が勝利するわけではないが、民主革命は勝利するに違いない」と述べた。

そして、朱・毛の第四軍と彭の第五軍は、交歓と広州蜂起記念を兼ねた大集会を開いた。

ここでは、朱徳軍長、毛沢東党代表と彭徳懐が演説した。中国共産党第六回大会（一九二八年六月十八日〜七月十一日までモスクワで開催）の決議の伝達を受けて議論し、革命の谷間にあること、および盲動主義に反対することを確認した。

この間、井崗山は白軍の包囲を受けていた。この情勢を受けて、第四軍（五〇〇〇〜六〇〇〇人）は白区に打って出る。そして彭徳懐は第四軍の副軍長を兼ねつつ、第五軍を率いて井崗山に残り、傷病兵、婦人、子供の保護の任に当たることとした。

第四軍が出発してから三日目、白軍の十二〜十四個連隊（二万四〇〇〇ないし二万八〇〇〇人）が井崗山を攻撃して来た。

これに対し、受けて立つ彭徳懐の第五軍は七〇〇〜八〇〇人であった。したがって、彭の軍は敵の包囲を突破することに決した。一九二八年十二月であった。

しかし、第四軍が残した傷病兵、婦人、子供など約一〇〇〇人を連れての脱出であった。ようやくにして包囲網を脱出したとき、彭の部隊は二八〇人の兵士になっていた。

その後、一九二九年二月上～中旬に、雩都《ユウドウ》に到着した。この地には非公然の党支部や小さな遊撃隊があり、彭の部隊を支援してくれた。

彭の部隊は、この小人数で雩都県城を奇襲し成功した。敵に一カ月以上も追撃され、その上一四〇里を十八時間の行軍で走破し、さらに奇襲するという驚くべき行動であった。

この戦いで、敵兵の捕虜三〇〇人の半数が紅軍に参加した。井崗山の包囲突破後、敗戦を続けた彭部隊にとって、この勝利の意義は大きかった。敵軍は逆に攻勢から退却に変わった。

雩都を後にして小蜜に移動したが、そこでも非公然の党支部があり、負傷兵の手当てを受け、また敵から奪い保有した小銃を提供し、この地方の遊撃隊の組織化にも貢献した。(7)

その後、彭の第五軍は、井崗山を奪回すべく準備を進めたが、朱毛の第四軍が瑞金に入ったことを知り、彭の第五軍も七〇〇～八〇〇人の勢力になって瑞金に入り、第四軍と再会、合流した。その後、井崗山へ向かい、ここを奪還した。

この時点で彭の第五軍は一二〇〇～一三〇〇人になっており、これを二つの縦隊と特務大隊に分けた。この再編後に行った安福攻撃は失敗した。

一九二九年秋、彭は第五軍の二つの縦隊を率いて、湖南・江西省境根拠地から湖南・湖北・江西省境根拠地へ移動した。(8)

当時、蔣介石と江西軍閥に矛盾があり、革命の発展に有利と考え、第五軍・党委員会においいて議論し、「当時近隣にあった三つの根拠地を繋げ、井崗山から長江に至る細長い根拠地を形成すること」および「その根拠地で大衆を立ち上がらせ地主の武装集団をかたづけ、土地を分配し、党を建設し、人民政権を打ち立てる」方針を決定した。

この時点で総兵力三一〇〇人前後になった第五軍を五個縦隊に分け、各縦隊は五個大隊を統括することとした。

大衆と結びつくカギは、ごろつき地主を打倒してその土地を分配し、政治面では地主階級の権勢を一掃し、経済面ではその財産を没収して農民に分配することであった。

湖南・江西省境根拠地では「耕者有其田」を実行しており、白軍が合同討伐に来ても人民政権を守ることができた(9)。

共産党では、一九三〇年六月に李立三のもと、全国武装蜂起を政治局にて決議した。いわゆる李立三路線である。当時、李立三の全盛時代で、党の実権は彼らに握られ、毛沢東も彼らには頭が上がらなかった。

同年六月二十日に開かれた第五軍・党委員会の拡大会議では、上海で開かれた党中央主宰の根拠地代表会議に参加していた紅軍代表が戻って、李立三路線を報告した。

その中で、八月一日までに紅軍第五軍を拡大して、五万人規模の第三軍に再編成するよう、そして武昌を攻撃するよう指示があった。

当時、紅第五軍団は同志八〇〇〇名を集めていたが、彭は第三軍への再編成には反対であった。また、武昌攻撃は軍事的冒険主義と考えていた。

その後、七月に党の指示の下、長沙攻撃を行った。二十五日夜明けには長沙を占拠した。この戦役では三日間に連続四回の大戦闘を行い、その行程は一四〇～一五〇里に達した。待ち伏せから攻撃に移り、陣地攻略戦を経て、彭の軍は八〇〇〇の兵力で三万有余の何鍵軍を撃ち破ったが、このようなことは軍事史にあまり例を見ないものである。

この戦闘で示された勇敢、頑強な戦いぶりは、中国労農紅軍の特徴である。この長沙攻撃の勝利は、李立三路線を結果的に支援する役割を担った。

長沙占領後の八月三日、敵の頭目何鍵が十五個連隊の全兵力を集め、外国軍艦も含むはるかに優勢な兵力で反撃してきた。

彭徳懐軍は八月六日に長沙を撤退した。十一日間占領したことになる。[10] 李立三路線は短命に終わり、一九三〇年九月の第六期中央委員会第三回総会で、路線の執行停止が決められた。

長沙撤退後の八月中旬、彭の部隊・第三軍は永和市の敵軍を攻撃するよう求められ、永和に移動した。朱徳・毛沢東の第一軍も永和市に到着したので、彭徳懐は朱・毛と三度目の合流を果たした。

ここで第一、第三両軍団の前敵委員会合同会議を開催し、両軍団を合わせて第一方面軍（中央紅軍とも呼ぶ）を形成することを決定した。この段階で、兵力は三万人余りであった。

この時点で李立三より長沙奪回と武漢三鎮の占領を要求されていたが、毛がこの方針に反対し、朱徳と彭徳懐が毛に賛同した⑾。

朱徳が第一方面軍総司令官に、そして毛沢東が総政治委員兼方面軍・総前敵委員会書記に就任した。彭徳懐も、朱・毛の指揮下で活動することとなった。

この会議の後、第二回目の長沙攻撃を行い、一か月以上の包囲攻撃を行ったが、攻略できなかった。紅軍は運動戦や遊撃戦には長じているが、正規の陣地戦の攻撃技術には訓練不足であった⑿。

中国共産党は、各地の勢力を江西省・瑞金に結集し、江西ソヴィエトを設立しつつあった。そこへ、一九三〇年十二月上旬、蔣介石は、魯滌平《ろじょうへい》を司令官に任じて共産党に対する第一回「包囲討伐」を開始した。

このとき、紅軍は贛江《かんこう》を挟んで東岸に朱・毛の第一軍団、西岸に彭徳懐の第三軍団が布陣していたが、両軍が一緒になって戦わないと敵軍の粉砕は難しいとの判断の下、彭の第三軍団は東岸に移動した（このときの第三軍団内の議論は自由闊達に行われており、最後に彭が意見を述べて決める形をとっている）。

この間、富田事件（三〇年十二月上旬に発生した江西根拠地内の争いで、毛沢東派、李立三系江西派、王明系が主導権を巡って争った）が発生したが、彭は毛沢東派を支持し、「反革命の富田事変に反対する。総前敵委員会と毛沢東政治委員を支持しよう。第一、第三軍団は一致団結し、国民党の攻撃を粉砕しよう」との宣言を執筆した。

これを紅軍の内部分裂と考えて攻撃してきた白軍を撃ち破り、第一回包囲討伐は失敗した[13]。共産党では、一九三一年一月に開かれた第六期中央委員会第四回総会で、王明を中心とする極左グループが党の中央指導部を握った。この路線は約四年間続き、この間毛沢東は党中央から排斥された。

一方、一九三一年三月、蔣介石は何応欽を総司令として、第二回包囲討伐を開始した。

彭と毛は地形の見える山上で作戦を協議し戦った。この戦役では、十五日間に七〇〇里を進み、三万五〇〇〇人の紅軍が二十万人の白軍を撃破した。

この戦役は弱小の軍勢が敵を各個撃破し強大な敵を打ち負かした模範例であり、また内戦の部隊と外戦の部隊が呼応して勝利を勝ち取った模範であり、紅軍の戦史に残る。この頃、野戦司令官として活躍していた彭徳懐は戦果を挙げるとともに、詳細な戦闘報告を残している[14]。

この第二回包囲討伐に敗れた後、蔣介石はすぐに第三回包囲討伐を仕掛けてきた。今回は、蔣介石が自ら指揮を執り、約三十万人の兵力を繰り出したが、紅軍はこれも粉砕した。

第三軍団は、三回の包囲討伐戦で一・五万人から一万人に減少したが、新たに四〇〇〇人を補充し、同時に安遠、会昌、尋烏、信豊の四県で労農政府を作り、半数近くの地区で土地分配を行った。

一九三一年十一月、中央革命根拠地の瑞金で中華ソヴィエト第一次全国代表大会が開かれ、「中華ソヴィエト共和国憲法」や各種法などが採択された。中華ソヴィエト共和国臨時政府の成立が布告され、臨時政府主席に毛沢東が、紅軍総司令に朱徳が選出された。

こうした中、一九三二年一月中旬、第三軍団は第一方面軍総司令部から「少数幹部を残して大衆工作に当たらせ、第三軍団は贛州《かんしゅう》を奪取せよ」との指令を受け取った。これが成功すれば、共産党は江西省の大半を占領することになる戦略的意義があった。

しかし、この贛州攻略作戦は失敗した。敵軍の兵力が一万八〇〇〇であったのを八〇〇〇と読み違ったこと、戦闘戦術を誤ったことなどが理由である。

この戦いの後、第三軍は江口地区に集結したが、そこで行われた中央局の会議において党中央（当時は王明路線であった）と毛沢東の異なる戦略方針が出されていた。

彭の第三軍は党の方針に従った。そして、第一軍団と第三軍団が別個に戦ったため、白軍を殲滅《せんめつ》できなかった。

この頃、前線総司令部が改組され、朱徳総司令のもと、総政治委員に周恩来、総参謀長に劉伯承がなり、毛沢東は部隊を離れていた(15)。

同じ頃、党中央全体が江西ソヴィエト区に入った。この間、第四回の包囲討伐戦が行われたが、紅軍はこれに勝利した。

しかし、王明路線は紅軍幹部の取り換えを行った。彭徳懐はこの措置に反対したが、路線は変わらなかった。王明路線の「行動の積極化」の方針のもとで、紅軍は休息、補充、訓練の時間を失った。

一九三三年夏、第三軍団は福建省西部の作戦に移り、清流、帰化、将楽、順昌の四県城を落とし、かなり広い地域を占領したが、王明路線の幹部（博古ら）は大衆工作をやらせようとせず、直ちに連城を攻めるよう命令した。

彭は党の指示する戦術では連城を攻略することは困難と判断し、戦術を変更して何とか連城を落とした。この後も、博古らは大衆工作を行わせず、直ちに洋口、延平を攻めるよう命令した。

だがこのようなやり方では、占領したどの県でも紅軍の足場は固まらなかった。彭は根拠地における土地政策に問題があると気づき博古らに進言したが、政策の改善は行われなかった。

一九三三年八月、国民党第十九路軍の陳公培が彭の軍に来て、反蔣抗日について議論し合意した。そして、陳は瑞金に行き、党中央と談判したが、王明路線が支配していた党中央はこれを受け付けなかった。

一九三三年末に福建事変が発生した。これは国民党内部の矛盾が表面化したもので、一九三二年の一・二八事変（日本のいわゆる上海事変）後の抗日派と親日派の闘争、小ブルジョア階級と民族ブルジョア階級が蔣介石に反対する闘争であった。

この新たな情勢を見て、彭は「十九路軍を支援して、抗日運動を拡大し、蔣介石の第五次包囲討伐計画を粉砕すべき」との提案を党中央に送ったが、博古はこれを批判し拒否した。

紅軍が十九路軍を支援しなかったため、蔣介石の買収と軍事的圧力により十九路軍はこの福建事変に敗北した。

そして、蔣介石が一年かけて準備した第五次包囲討伐が始まった。兵力は敵五十万人、紅軍は五万人であった。そして敵は全国の人力、物力を動員できたが、紅軍根拠地はわずか二五〇万人であった。このような物力差を顧みずに、消耗戦を戦っても失敗しないはずはなかった。黎川《れいせん》を防衛していた彭軍は、敵軍の圧倒的な兵力を受け、黎川を放棄した後、福建省洵口に前進して敵の一個師団を消滅させた。第五次包囲戦での最初の勝利であった。

次に、一九三三年九月か十月、徳勝関での戦闘があり、国民党軍の四万人と紅軍一万人が入り乱れた。彭の軍は一万二〇〇〇の兵力で三万余の敵を撃破した。

「この当時、紅軍の第一軍団と第三軍団が共同作戦を行っていたら、敵の三個師団・十五連隊すべてを殲滅できたと思う」と彭は述べている。

南豊県城の攻防に当たって、党本部の極左主義者からは各軍団に配置が指示されていたため、兵力を均分した戦闘配置となった。指揮をとった彭徳懐は配置を改めることもできなかった。

一九三四年三、四月頃、敵軍は大量の兵力で広昌を攻めてきた。

これに対し博古と李徳が防衛を指揮した。彭は、

「敵軍の装備が強化されていることを計算に入れなければならない。この状況下で仮に堅固な野戦陣地を築いても役に立たない。広昌を守ろうとしても困難である」旨、李徳と博古に述べ、「機動的な防衛戦術をとるほかはない。我が軍の主力を山地に隠しておき、敵軍が我が軍の陣

地に攻撃を仕掛けてくるのを待って側面から敵軍に突撃する」と提案した。

敵軍は、航空機での爆撃を支援として、堡塁を前進させ、共産軍の陣地も敵軍の砲爆撃により壊され、守備していた一個大隊は全員壮烈な戦死を遂げた。

この戦闘が終わった後、博古、李徳は彭徳懐と楊尚昆を呼び出した。そこで彭は意見を述べた。

「君たちの作戦指揮は最初から間違っている。第四回の包囲討伐戦までは勝利したが、それ以降は戦果を挙げていない。主な原因は、第一方面軍の指揮の誤りにある。主力を集中して使用しないためである」

「団村の待ち伏せ戦闘では、もし第一軍団と第三軍団を集中して使用していれば敵軍を消滅することができただろう。また、機動的に部隊を動かす権限を前線の指揮者に与えないやり方では成功しない」

「あなた方、教条主義者は、地図と紙の上だけの戦術専門家に過ぎない」

「あなたの作戦計画は重大な損害をもたらした。あなた方は良心の呵責を感じないのか。心に痛みを感じないのか」と批判をした。

「彼らの思考には、第四回中央委員会の誤った路線が貫かれている」と彭は理解した、と述べている。(16)(17)

3　長征から陝西根拠地到着まで

共産党は、国民党の継続的な、最終的には第五次討伐作戦の結果、瑞金を放棄せざるを得なくなった。

一九三四年七月、ソヴィエト中央政府と労農紅軍革命委員会は、「中国労農紅軍北上抗日宣言」を発し、「戦略的転進」を決定した。

江西省を中心とする紅軍主力十万は十月十六日、江西ソヴィエトの首都瑞金を出て長征を開始した。主力軍の先遣隊として封鎖線を突破したのは彭の軍隊であった(18)。

紅軍は敵の重囲を破り、十一月には湖南省南部に達し、その後、貴州省に入った。右翼にあった第一軍団は湖南省内を進み、第一、第三の間を中央縦隊が行軍し、十二月、貴州省遵義県城に到着した。

そして、一九三五年一月、遵義会議が毛沢東の主宰で開かれ、第五回反「包囲討伐」戦以来の誤った軍事路線（王明路線）を清算した。そして、長征の目標は「抗日戦のために西北に向かう」と確認された。

「北上抗日」は抗日民族統一戦線を実現するための積極策であり、遵義会議は毛沢東の指導権確立と長征の方針を明確にした画期的な会議であった。

中央革命軍事委員会の指導には毛沢東が当たり、博古を党総書記から外して張聞天が中央総書記を担任し、雲南・貴州・四川省境に根拠地を建設することを決めた。

なお、彭徳懐は遵義会議を中座し、第三軍団の第六師団が蔣介石系の軍隊に攻撃を受けたとの報により、その現場で指揮を執った。遵義会議の後、蔣介石軍が迫ってきたので紅軍は遵義を放棄し、さらに西に向かって転進した。

遵義周辺で活動している間に、劉少奇が第三軍団の政治部員として軍事委員会から派遣されてきた。

彭は、劉に第三軍の状況と当面の軍事戦略について話した。その二日後、劉少奇は、彭の意見と別の人の意見を加えて紅軍の再編に関して中央委員会宛の電文案を作り、彭に署名を求めた。

彭は、その文面が自分の考えと同じでない（どのように同じでなかったのかは不明であるが、推定を後述）ことから署名せず、劉少奇、楊尚昆両名の名前で電報が打たれた。

その後、共産党メンバーは蔣介石軍の攻撃をくぐりぬけて四川省会理に移動した。

五月の中旬にこの会理で党中央は会議を開いた。この会議では、劉少奇・楊尚昆の電文と、林彪の中央軍事委員会あて書簡が議論された。この林の書簡は、

「毛、朱、周は軍と行動を共にしつつも、大計を主宰するようにし、前線の指揮は彭徳懐にまかせ、急ぎ北進して第四方面軍と合流すべきである」というものであった。林彪は毛沢東のお

気に入りであったが、毛の長征の間の行軍指揮に不満を持っていたとされる。そして、この林彪提案を彭徳懐は拒否している。

彭は軽い気持ちでいたようであるが、毛沢東は、

「林彪の書簡は彭徳懐同志がそそのかしたものだ。劉少奇・楊尚昆の電報もある。すべてこれらは、中央根拠地を失ったことに不満を持った右傾の気持ちの反映である」と述べた。毛は誤解し、決めつけたものと思われる。これに対し、彭徳懐は、

「誤解というものは、誰にもあるものだ。林彪の書簡は好意から出たものであろう。私は私の仕事を立派にやろう。これまで林彪と話したこともないし、劉少奇に話した内容も正当なものである。今ここで私が申し開きをしなくとも、将来彼ら自身が釈明するだろう」と考えた、と述べている。

そして、後日の廬山会議に至る二十四年の間に毛主席は四回このことを口にしたが、私は釈明しなかった、どこかではっきり話しておくべきであった、と反省している[19]。

会理会議の後、全軍は北進を続けた。第一軍団の主力は安順場で大渡河を超え、紅軍の別の一部隊は濾定橋を奪取し、全軍が迅速に北進する道を切り開いた。第三軍団は天全、芦山を占領したあと宝興を経てさらに北進した。

その途上、第四方面軍司令の張国燾《ちょうこくとう》の秘書・黄超が金品を持って彭を訪ねて来て、当面の戦略方針は、「北伐を欲するならばまず南進せよだ」と述べた。意図は、北上抗日の党中央の

戦略方針に反対し、第一方面軍の内部を挑発し、党内の団結を破壊しようと企んだものと考えていた。

やがて、「張国燾が南進を要求して来た」との報を葉剣英が毛沢東にもたらした。

毛は第四方面軍の徐向前司令と陳昌浩のところへ行き、行動方針を議論した。

陳が「張が南進を主張している」と述べたが、毛は中央委員会書記局会議を開いて議論しなければならないとして、この第四軍の要求を退けた。

後に黒水寺で行われた党中央の会議では、張が総政治委員の地位を要求し、毛はこれを渡した。張を除名せよとの意見が出たが、毛は張を引きつけ続け第四軍が分離するのを防いだ(20)。

紅軍は俄界から西北に引き続き前進した。毛は第一軍団と先頭を行き、彭と葉剣英は第三軍団とともに後尾を進んだ。

白竜江の断崖絶壁を越え、天険の甘粛省の臘子口《ラズコウ》を経て、敵軍を打ち破りつつ哈達鋪《ハダアプ》に到着した。

この時点で第一、第三軍団はそれぞれ六〇〇〇人、中央直属の二〇〇〇人を合わせて一万四〇〇〇人であった。第五、第九両軍団の六〇〇〇〜七〇〇〇人は第四方面軍について行軍していた。

哈達鋪で四、五日休息したが、当時、幹部も兵士も、骨と皮に痩せこけ、しかも行軍は、八十里から一〇〇里を超えていた。

ここで、彭は部隊の縮小再編の必要性を認識し、第三軍団を取り消して第一軍団に編入することを提案し、軍事委員会と毛沢東の賛同を得た。

縮小再編の後、第一方面軍は抗日先遣隊、すなわち陝西・甘粛枝隊と名を改め、彭が司令となり、毛が政治員を兼ねた。

哈達鋪から東進し、二十数日に及ぶ苦しい奮闘を経て、ようやく陝西省北部根拠地の境である呉起鎮に到着した。これによって、二万五〇〇〇華里に及ぶ紅軍の英雄的で偉大な長征は終わった。

呉起鎮に到着した時点で、哈達鋪でいた一万四〇〇〇人がわずか七五〇〇人になっていた。

呉起鎮到着にあたり、彭の指揮により敵騎兵部隊を一挙に撃滅して陝西北部根拠地の基礎を固めた。このとき、毛沢東が「彭大将軍」と讃《たた》えて詠んだ詩がある（後述(21)）。

長征で彭徳懐は、数万の敵軍からなるいくつもの防衛戦を突破し、進軍の途上いくつかの重要拠点を占領して、主力部隊の通信網を確保し、ついに陝西への道を勝ち抜いて、西北ソヴィエトの根拠地に難を避けたのである。

彼の軍隊の兵士によると、彭はしばしば疲れた同志や傷ついた同志に自身の馬を貸して、六〇〇〇マイルに及ぶ長征の大部分を歩き通したという。

毛、彭らの第一方面軍は、ついに一九三五年十月に陝西省北部の革命根拠地に到着した。第二、第四方面軍は一九三六年十月に最終地点で合流し、長征は終了した。一万二五〇〇キロの行程を踏破したことになる。

遵義会議とともに長征過程で戦略転換の契機になったのは、一九三五年八月一日に紅軍が大草原に入る前に四川省・毛児蓋《マオルカイ》で発表した「抗日救国のために全国同胞に告ぐるの書」（＝八・一宣言）である。

これは、「内戦停止、一致抗日」を呼びかけたものであり、国民政府の封鎖の中、北京など諸都市に伝えられ、民衆の胸に深く受け止められた、とされている。

中国共産党は三五年十二月、陝西省で中央政治局会議を開き、抗日民族統一戦線結成に向けての、戦術転換と具体的方針が全党的に決定された。

三六年五月五日に出された「停戦議和・一致抗日の通電」（五・五通電）は、国難を前にして、「内戦停止・一致抗日」を実現するため、蔣介石とその部下の愛国軍人に対し、最後の覚醒を求めるものであった。

4 陝西根拠地期

紅軍が呉起鎮に到着した頃は、蔣介石が東北軍の張学良に命令し、十数個師団をもって陝西省北部根拠地の紅軍に三度目の包囲討伐を行おうとしている時期であった。

陝西省北部の紅軍は、劉志丹の指揮する第二十六軍が約三〇〇〇人、また湖北・河南・安徽にいた徐海東率いる第二十五軍が約三〇〇〇人、この両部隊が第十五軍となり道佐鋪に駐屯していた。

毛と彭は道佐鋪に行き、敵の包囲討伐を粉砕する計画を相談した。そして、直羅鎮での戦闘の結果、敵の第三回包囲討伐は打破された。一九三五年十二月初旬のことであった。これは長征を終えた後の最初の勝利であった。

彭は前線の各部隊を指揮して甘泉を包囲攻撃した。そして、その間、東北軍と西北軍に対する抗日民族統一戦線工作を行った。

彭は捕虜となった将校の高福原を味方に引き入れ、西安に解放した。その結果、東北軍と西北軍に対する抗日統一戦線工作が進展した。このことは、紅軍の東征にとっても有利であった。

一九三六年一月中旬、毛沢東から「黄河を東に越え、呂梁山脈を奪取し、新しい根拠地をきりひらく」との東征の指示を受け取った。無定河に行き渡河点を決め、予定の渡河点で順調に渡河するために、一〇〇艘の船を昼夜兼行で造った。

一月余りの間、彭は東岸の敵を偵察し、兵力や火力の配置をつかんだ。渡河地点や時間につき毛沢東の承認を得て、黄河の強行渡河を実施した。

渡河後、紅軍は呂梁山脈の周辺地域を占領し、無定河両岸の根拠地を一つにつなげた。このたびの黄河を越えての東征は大きな意義があった。敵の三個大隊を消滅し、数十万発の弾薬を捕獲した。そして、大衆や捕虜から紅軍に七〇〇〇人の参加を得た。

敵の閻錫山、陳誠の主力軍が呂梁山地域を攻めて来た時、紅軍先鋒隊名で宣言を発表し、抗日の主張および同胞相争うことを望まない旨を説明した。黄河を越えての東征を勝利のうちに終えて、紅軍は陝西省北部に戻った。

一九三六年五月下旬から六月上旬に全軍幹部会議を開催し、その会議で西征軍とその指揮部が組織され、彭徳懐がその司令に就いた。また、多くの幹部を引き抜いて紅軍学校を作り、林彪が校長になった。そのときの彭徳懐の任務は、抗日根拠地を拡大すること、および大草原地帯を脱出して来る第二、第四方面軍を出迎えることであった。

第四方面軍の張国燾は依然として勝手な行動をとった。そして青海省の軍に殲滅され四万人の兵力を失った。この部隊がそのまま第一、第三軍と合流すれば七万人の部隊が完全に西北地区を支配することができていたであろう。後に張国燾は脱走し、第四方面軍は残った[22]。

一九三六年には西安事件が発生した。同年十月、蔣介石は第六次共産党包囲討伐戦のため、国民政府軍を増派して西安を訪れた。そして、張学良および楊虎城に紅軍への攻撃を指示した。張および楊は、再度「抗日」を迫り説得に当たったが、蔣は「剿共」を譲らなかったので、「兵諫」を決断、十二月十二日にクーデターを実行し、蔣介石を華清池にて捕らえて拘禁した。そして、第二次国共合作し抗日を共に戦うとの方針に蔣介石を同意させることができた。その結果、第二次国共合作が行われることになった。

5　抗日戦争期

一九三七年七月七日の盧溝橋事変のあと、第二次国共合作が九月二十三日に正式に宣言され、紅軍は国民革命軍に組み込まれ、延安付近の共産党軍は国民革命軍第八路軍に、そして長江以南を分担していた共産党軍は新四軍に改編された。

彭徳懐は、国民政府から国民革命軍・中将の階級を授与され、八路軍副司令官に任命された。八路軍総司令には朱徳、任弼時《じんひつじ》が政治部主任、左権が副参謀長になった。

当時の八路軍は三万二〇〇〇人であり、配下に陝西省北部旅団（四〇〇〇人）、第一方面軍（林彪師団長、一万四〇〇〇人）、第二方面軍（賀竜師団長、六〇〇〇人）、第四方面軍（劉伯承師団長、八〇〇〇人）を配置した。

雲陽鎮の前線司令部で連隊長以上の幹部会議を開き、この席上、彭徳懐は抗日民族統一戦線の勝利の必然性を述べ、八路軍への改編の後、「軍閥主義と官僚主義に反対し、大衆から遊離しないように注意しなければならない」と述べた。

国共合作以降、共産党軍は日本軍の占領地域に抗日根拠地を築いて拡大させ、日本軍部隊の占領から領土を解放していく戦闘を行った。

この抗日根拠地では、国民政府から独立した地方政治権力を築き、民衆を組織していった。根拠地政権は、町や農村、山村を含んだ広い地域を支配し、経済的にも独立した食料・物資など生活の自給自足体制を取った。

根拠地には共産党の指導機関と八路軍司令部が置かれ、共産党の政治工作員を養成する党学校がつくられ、八路軍兵士を養成・訓練する兵学校が作られた。さらに簡単な兵器を製造したり、日本軍から捕獲した武器を修理する工場まで作った。

毛の戦略指示により、一九三八年に共産党軍は日本軍とほとんど戦火を交えなかったので、軍事力と占領地域は驚くほど増大を見せた。一九三八年九月に山東根拠地が成立して以降一九四一年までに、ほぼ華北全域において抗日根拠地が建設された。

後述する百団大戦直前の一九四〇年には、八路軍・新四軍は六十万人以上、民兵は二〇〇万人の大部隊に成長し、日本占領地域の解放区の人口は約四〇〇〇万人に達した(23)。

一九三七年九月、彭は周恩来に呼ばれ、一緒に太原に行き閻錫山に会った。その後、大同に行き傅作義《ふさくぎ》と会った。翌日、再び閻錫山に会い、山西省の防衛施設の守備の問題を相談した。日本軍の攻撃に対し、正面で受け止めると同時に側面から攻撃する作戦を決めた。

彭は総司令部を出発した時から、抗日戦の最初の戦闘で八路軍はどのようにして勝利を収めるかを考えていた。

平型関《へいけいかん》で待ち伏せした八路軍の第一一五師団（林彪指揮）は、板垣征四郎師団の後尾連隊の大部分を殲滅した。第一戦の勝利であった。

彭は周恩来とともに保定で程潜（国民党軍事委員会参謀総長）と、また娘子関《じょうしかん》で黄紹竑と会った。八路軍代表の名義で各所と連絡を取り、統一戦線工作に当たった(24)。

この間、日本軍の中国侵略は急速に進んだ。一九三七年十一月上海占領、十二月南京占領と、三八年三月までに日本軍は華北のほとんどを占領した。三八年十月の武漢陥落で第一段階は終了した。

この間、国民党軍を中心とする正規戦は終わり、共産党軍の遊撃戦・ゲリラ戦が中心になっていった。一九三八年は転換期であった。

八路軍司令部が五台山にあった頃のエピソードが記録されている。朱徳の司令部に入ってきた彭徳懐が語った。

「人民は海で、我々はその中を泳ぐ魚のようなものだ。これは民族革命戦争だ。勝利は我が部隊の勇気と自信と戦闘力と、また指揮官と戦闘員との親密な関係、そして我々と他の中国軍隊の緊密な協力、そうしたものにかかっている。我々は兵隊の間や民衆の間で、猛烈な政治工作をやっている。民衆は男も女も子供も、一人残らず我々の周りに結集してきている(25)」。この頃の彭徳懐の充実した精神が表れている。

一九三七年十一月、日本軍が太原を占領すると、八路軍総司令部は五台山から山西省南部に移動した。

十二月某日、党中央からの電報で、会議を開くので延安に帰ってくるように彭に連絡があった。延安に着いた二日後に、王明と康生がソ連から到着した。

王明はコミンテルンの見解を代表するような口ぶりで、

「抗日をすべてに優先させ、すべてのことを統一戦線を通じて行い、すべてを統一戦線に服従させよ。国共両党を基礎とするという明確な観点を確立し、政権と軍隊を統一する義務を共同で担わなければならない。国共両党は平等でなければならず、一方が他方を指導しようとしてもそれは不可能なことである」と述べた。

「共同指導」などは有り得ない、と考えた彭徳懐は、一九三八年秋の第六期中央委員会第六回総会で、王明路線に反対することをはっきりと表明した。王明のこの考えが再び党の方針となることはなく、彭徳懐は毛沢東の抗日民族統一戦線工作を自覚的に実行するようになったと記している(26)。

彭徳懐は「共産党の絶対的指導を保障し強めること」を八路軍の原則として部隊に伝達した。

一九三八年春、八路軍に政治委員と政治部の制度を復活し、四つの旅団（教導、新編、暫編、補充）を設け、各戦略区に配置した。各戦略区での状況は、延安の中央軍事員会と八路軍総司令部に報告すれば良いとし、共産党の指揮下の位置づけを明確にした。

一九四〇、四一年になり、毛沢東は解放区の強化策を実行した。大生産運動、整風運動および各根拠地における共産党員と左派進歩派が各三分の一を占める「三三制」の抗日民主政府の建設であった。

また、一九四〇年に出された毛沢東の『新民主主義論』[27]は、ブルジョア独裁共和国、プロレタリア独裁共和国のどちらでもない「いくつかの革命諸階級の連合独裁の共和国」を目指す新しい形の革命＝「新民主主義革命」であるとして、抗日民族統一戦線が困難な時、分裂の策動に対し、抗日に対する団結・進歩の呼びかけを行い、多くの人民に熱狂的に受け入れられたと言われる。

一九四〇年には、八路軍が対日攻勢を行った。八路軍は朱徳がトップであるが、彭徳懐が実際の指揮を執っていた。反「摩擦」戦役と百団戦役を勝ち抜き、華北での抗日戦争を根拠地、解放区をベースとした共産党主導の闘いとした。

彭徳懐は日本との交戦を強く主張し、百団大戦を発動した。毛沢東は公式電報では勝利を願っていたが、本心では兵士の損失を恐れていたし、この大々的な軍事行動を、自分に承諾を求めずに始めたことに、不快感を持っていた。[28]

百団大戦は、抗日戦以来最大の勝利であった。華北の主要交通線に大規模な奇襲をかけ、日本軍に大きな打撃を与えるとともに、日本軍に占領されていた四十～五十の県を取り戻し、広範な地域にわたり解放区を奪回した。

参加した兵力は二十四個連隊、約四十万人であった。紅軍の戦闘は多くは遊撃戦であったが、百団大戦は正面から日本軍に挑んだ正規戦であった。

百団大戦の後、武装工作隊を発展させた。これは、党、政府、軍、民間を統一した組織であり、政策水準も高く分析力を有し、闘争にあたっては、弾力的、機動的に、人民の利益から着想し、合法、非合法の闘争を巧みに結合して闘った(29)。

彭徳懐は百団大戦の勝利により国民的英雄となった(30)。彭徳懐は、新華社の記者に語った談話において、

「百団大戦の勝利は、全国軍民の抗戦に対する自信を大いに高め、悲観・失望的な気持ちに打撃を与えたのであり、この勝利は、我が抗戦力が日増しに成長し、強大になっていき、……我が国には当面の危険と困難を克服することができる強大な力があることを証明している」と述べた(31)。

なお、この戦いから教訓を得た日本軍は、その後の治安諸施策を画期的に向上させ、情報機能の画期的刷新を行い、一九四一年二月には、中共の暗号の一部解読に成功した(32)。

日本軍北支軍の司令官たちは、この大戦を契機に「剿共なくして治安維持は達成せられない」と考えるようになり、主敵が国民政府軍から共産党軍に移っただけでなく、軍隊を相手にすることから抗日民衆を相手にする戦闘に移っていった。

村民の集団虐殺、毒ガスによる集団虐殺、細菌攻撃、組織的性的犯罪行為などの三光作戦が行われた。また、日本軍は国民政府との「正面戦場」と、背後の共産党軍との「後方戦場」と、二つの戦場を同時に抱えることになった(33)。

この間、蒋介石は、三次にわたる反共攻撃を行った。三九年の「第一次反共高潮」での陝甘寧辺区攻撃に続き、四〇年の「第二次反共高潮」では、八路軍と新四軍に対し、黄河以北への移駐を命令した。そして、新四軍に対し国民党が攻撃した。

また、「第三次反共高潮」（一九四三年三月）以降、蒋介石は国民党軍精鋭を反共目的に使用し、精鋭部隊数十万人を辺区に移動させ、攻撃した。四二年までに減少していた八路軍と解放区は、日本軍が大陸打通作戦を行っている間に軍事・政治・経済の面で強化され、四四年までに回復していた。

一九四三年十月、彭徳懐、楊尚昆など八路軍と北方局のほとんどの幹部が延安に呼ばれ、「改造学習」に出席した。一九四二年から整風運動が行われていた。このとき、彭徳懐は毛沢東から批判を受けた（批判を受けた内容は不明である）[34]。

中国共産党は一九四四年、辺区から部分的反攻を開始した。一九四五年には、紅軍は九十一万人に、民兵は二二〇〇万人に達した。全土に解放区を樹立し、人口は九五〇〇万人（全人口の約三割）に及んだ。

一九四五年四月、共産党が延安で第七回全国代表大会を開催したが、このとき共産党員は一二一万人になっていた。同年八月には、全解放区に向けて、日本軍と傀儡《かいらい》政府軍に対し大反攻を指令した。

この間、国民党軍は日本の大陸打通作戦の防衛に膨大な犠牲と損失を強いられ、戦力を減退させられた。こうして国共内戦で共産党が勝利を収める条件が作られていった[35]。

彭徳懐は、一九四五年四月、中共第七回全国代表大会で中央委員会委員、同六月、第七期一中全会において中央政治局委員に選出され、同八月、中共中央軍事委員会副主席兼総参謀長に抜擢された。このあと、彭は延安に留まり、参謀長として中央革命軍事委員会で仕事をした。

国共内戦勃発後の四七年三月、彭は、改称された中国人民解放軍の総部副司令員（司令は朱徳）、西北野戦軍司令官となった。

6　国共内戦（人民解放戦争）期

日中戦争の終局が見えてきた頃、国民党、共産党ともに戦後構想を打ち出した。国民党は、一九四三年九月に戦後の憲政実施を公約した。中国共産党も延安において整風運動を行い、「毛沢東思想」を「中国のマルクス・レーニン主義」と規定し、一党指導体制の政策と独自の憲政構想を打ち出し、四五年四月には連合政府論を打ち出した。

四四年春以降、共産党軍は局地的攻勢を強め、共産党軍は農民と強固な結合を有し、各種社会改革を実行し、高いモラルを有していた。

一方、国民政府軍も四五年四月から、広西、湖南、江西、福建、河南などを日本支配から奪還したが、蔣介石の「四大家族による経済独占」と「国民党一党独裁」政策により、農村経済は衰退し民衆を圧迫していた。そして、国民党支配区でも国民党の一党独裁が批判され、政治改革が要求されていた。

しかし、蔣は内戦を起こし革命勢力を消滅させようと考えていた。

一九四五年八月十四日、日本がポツダム宣言を受諾し、太平洋戦争・日中戦争は終了した。八月十五日に朱徳は米英ソ三国に覚書を送り、国民政府が内戦準備をしており、朱徳ら解放勢力の事前同意なしに人民武装勢力に触れた場合には発言権を留保する、と表明した。

この直後に蔣介石は、各軍に日本軍占領地の回復などを命令し、一方八路軍には動かぬよう指示した。

八路軍・朱徳はこれを拒否して進軍し、日本軍占領地区・一三九県城を回復した。

共産党は併行して柔軟に国民政府との話し合いも進めた。国共間で協議が行われ、蔣介石―毛沢東の重慶会談が持たれ、十月十日には双方代表会議紀要（双十協定）[36]に調印し、蔣介石をリーダーとする統一国家の建設に合意した。だが、双十協定後も内戦を回避することはできなかった。

一九四六年一月、停戦協定を結び双十協定に基づいて関係グループが会し政治協商会議が開かれ、平和建国綱領の制定をはじめ、政府改組案、軍隊改編案、国民大会案、憲法草案などが審議された。

しかし、同二月、政治協商会議の成功を祝う祝賀会場に国民党が乱入し、また多くの都市で人民を逮捕、虐殺した。

三月には蔣介石は国民党二中全会において協商会議の決定を破棄した。これにより国共妥協の機会は葬られた。

六月には蔣介石は内戦を引き起こし、各解放区に全面的な攻撃を加えた。三十万人の国民党軍が中原解放区を攻撃し、七月には五十万人の国民党軍が江蘇省から安徽省の解放区に進攻した。国共内戦の勃発である。

内戦は四七年に激化した。当初は国民政府軍が優勢であった。内戦開始当初、国民党四三〇万人に対し、中共一二〇万人と圧倒的に兵員の差があった。

国民政府軍は四六年八月に熱河省承徳以降、淮陰、安東、張家口を制圧し、四七年三月には延安を制圧した。

蔣介石軍は、四六年十一月までに人民解放軍に三十五個旅団を殲滅され厳しい打撃を受け、機動兵力は枯渇に近い状態になった。

その結果、蔣介石は一九四七年春各解放区への全面攻撃を変更し、山東解放区と延安に対する重点的な攻撃に出てきた。

延安には胡宗南軍が攻撃した。共産軍は彭徳懐を司令官とした西北野戦軍であったが、共産党軍の十倍の兵力を擁した胡宗南軍の攻撃により、毛沢東は延安を逃れ共産党は延安を一時放棄した。

それから約一年の間、延安は国民党軍の支配下にあったが、彭徳懐の指揮した共産党・西北野戦軍は、整軍運動などを通じて結束力と戦闘力を高め、一九四八年春には国民党軍を破り延安を奪還した。この戦闘では、一度に敵の五個旅団を殲滅した。

毛沢東は、この勝利を新式運動によるものと評価し、これを賞賛した。その後、彭の共産軍は宝鶏まで攻め込んで、胡宗南軍の総兵站《へいたん》基地を破壊した。

一九四七年半ばから戦局は逆転した。共産党側は防御から対峙・反攻へと転換した。戦略的進攻段階に入り、湖北、河南、安徽三省から始め根拠地を建設し、南京、武漢、長江の南、北の中原をうかがう戦略を立てた。東北、華北でも中共軍の反攻が続いた。

装備や兵力が劣る中共軍はよく持ちこたえた。この反攻を支えたのは解放区での土地改革の展開であった[37]。農民の土地に対する要求を満たし、解放戦争に動員することができたのである。

共産党は四八年五月「反動分子の参加しない新たな政治協商会議[38]」を招集し、各民主派の支持を得て新たな政治潮流を生み出した。

四八年夏、国民党軍との一大決戦を決意した毛は、指揮しやすく大規模な戦闘ができるように、軍を数個の野戦軍に改編した。第一が彭徳懐率いる西北野戦軍、第二が劉少奇、鄧小平の中原野戦軍、第三が陳毅の華東野戦軍、第四が林彪の東北野戦軍であった。

四つの野戦軍の中で、毛は彭の西北野戦軍にあまり信用を置いていなかった。そして、第四軍が最も信頼が厚かった[39]。

四八年から共産党の反攻がさらに本格化し、九～十二月の三大戦役（遼瀋戦役、淮海戦役、平津戦役）に勝利した。四九年一月には北平が無血開城した。

これ以降共産党は、党活動の中心を農村から都市に移すことを決め、南京、武漢そのほかの都市を次々と解放していった。

一九四九年一月、西北野戦軍は第一野戦軍と改称され、彭徳懐は司令員兼政治委員になった。第一野戦軍全部隊は、各地区に散らばって大衆工作を行った。

同年二月になると、彭は党中央の命令で西北の前線を離れて第七回中央委員会第二回総会（河北省平山県で開かれた、中国革命の全国的勝利の前夜に開かれた会議）に出席した。その会議の終わらないうちに、毛の指示で太原攻撃の指揮を行った。

四月下旬には党中央は華北野戦軍の第十八、十九兵団を第一野戦軍の指揮下に移すことを決め、彭はその両兵団を率いて西北地区の前線に戻った。

その後、第一野戦軍は西安と咸陽を解放し、扶風・眉県戦役で胡宗南の四個軍を消滅し、十二年間に及ぶ胡宗南の西北地方支配を終わらせ、宝鶏を解放した。さらに二月には蘭州を、九月には西寧を解放した。これにより、西北地方の人民解放戦争は基本的に終了した。

彭は一九四九年に西北部の五省を攻略し、西北局第一書記・西北軍政委員会主席・西北軍区司令官を兼任した。十月初め、酒泉で新疆の平和的解放問題を解決した。

この一年半の間に、西北野戦軍は全国の領土の五分の二を解放し、旅団以上の規模の戦闘を二十回行った。西北の解放戦争は二年半であり、全国の人民解放戦争も四年足らずで勝利を勝ち取った[40]。

五月からは、国民党が台湾への移転を開始し、戦局は決着した。四九年末までに、チベットと台湾を除く中国全土は解放された。

内戦に勝利した共産党は、一九四九年六月、国民党を除く全国各界代表を集めた新政治協商会議を開催した。同年九月には正式に「中国人民政治協商会議第一回全体会議」を開催して共同綱領[41]を発し、国号を中華人民共和国とし、首都を北京とすることを決定した。

彭徳懐は、四九年九月には全国政治協商会議代表、中央人民政府委員会委員、同十月、中国人民革命軍事委員会副主席、同十二月、西北軍政委員会主席に就任した。

そして、十月一日に天安門上で建国を宣言した。中央人民政府の基本構成は、政府主席―毛沢東、政治院総理―周恩来などであった。

毛沢東は、中国ではまず労働者階級を中心に新民主主義革命を行わねばならず、その後に社会主義革命に移行すべきとの考えであった。したがって人民共和国は、ひとまず新民主主義国家としてスタートを切った。

【注】

（1）『彭徳懐自述　増補版』彭徳懐著（田島淳訳）、サイマル出版会、一九八六年

（2）『中国の赤い星　増補改訂版』エドガー・スノウ著（松岡洋子訳）、筑摩書房、昭和四十七（一九七二）年、一九二～二〇六頁
（3）前出、『彭徳懐自述』二～七頁
（4）同右、十～四十頁
（5）同右、七十五～八十五頁
（6）同右、九十六～一五三頁
（7）同右、一四八～一六九頁
（8）同右、一七二～一八四頁
（9）同右、一八五～一八七頁
（10）同右、二〇四～二一三頁
（11）『偉大なる道　朱徳の生涯とその時代（下）』アグネス・スメドレー著、岩波書店、一九七七年、六十五頁
（12）前出、『彭徳懐自述』二一四～二一七頁
（13）同右、二二〇～二二九頁
（14）前出、『偉大なる道　朱徳の生涯とその時代（下）』一〇一～一〇二頁
（15）前出、『彭徳懐自述』二三〇～二四二頁
（16）同右、二四四～二六二頁
（17）『長征』ハリソン・E・ソールズベリー著（岡本隆三監訳）、時事通信社、一九八八年、六十七頁
（18）「中国における政治と軍事」平松茂雄、中央公論　83（8）、一九六八年八月、三〇八～三二五頁
（19）前出、『彭徳懐自述』二六四～二七二頁

(20)同右、二七三～二七八頁
(21)同右、二七九～二八一頁
(22)同右、二八二～二九六頁
(23)『日中戦争全史』笠原十九司著、高文研、二〇一七年、一一八～一二〇頁
(24)前出、『彭徳懐自述』二九八～三〇二頁
(25)前出、『偉大なる道　朱徳の生涯とその時代(下)』一九二～一九三頁
(26)前出、『彭徳懐自述』三〇二～三〇九頁
(27)『中国共産党史資料集10』日本国際問題研究所中国部会、勁草書房、一九七四年、一七九頁
(28)『鄧小平　政治的伝記』ベンジャミン・ヤン著(加藤千洋、加藤優子訳)、岩波書店、二〇〇九年、九十六～九十七頁
(29)前出、『彭徳懐自述』三一四～三二三頁
(30)『中国史の目撃者』ジョン・ロドリック著(山田耕介訳)、TBSブリタニカ、一九九四年、六十二頁
(31)『日中戦争全史』笠原十九司著、高文研、二〇一七年、一三五頁
(32)『大東亜戦争戦史叢書　支那事変　陸軍作戦(3)』防衛庁・防衛研究所著、朝雲新聞社、一九七六年十一月、二五六頁
(33)前出、『日中戦争全史』一二四～一二七、一三五頁
(34)『鄧小平　政治的伝記』ベンジャミン・ヤン著(加藤千洋、加藤優子訳)、岩波書店、二〇〇九年、一〇〇頁
(35)前出、『日中戦争全史』三三四～三三五頁
(36)『東洋史特講(中国現代史)』栃木利夫著、法政大学、一九八二年、二〇三～二〇四頁

(37)『変革期の基層社会　総力戦と中国・日本』奥村哲編、創土社、二〇一三年
(38)『東洋史特講（中国現代史）』「時局に関する声明」前出、栃木利夫著、法政大学、一九八二年、二一四頁
(39)前出、『鄧小平　政治的伝記』一一一〜一一二頁
(40)前出、『彭徳懐自述』三二六〜三四〇頁
(41)『中国基本法令集』中国研究所編著、日本評論社、一九八八年、四三六頁

第二節　朝鮮戦争とその後の軍改革

本節では、朝鮮戦争およびその後の軍改革などで示した彭徳懐の行動と思考について述べる。

1　朝鮮戦争

一九四五年の日本敗戦（ポツダム宣言受諾）後、朝鮮半島では米ソ冷戦の開始の中で、北緯三十八度線を境に米ソによる分割が行われた。

朝鮮半島に統一独立国家を樹立するという民族の願いが成就しないまま、一九四八年の八～九月にかけて、朝鮮半島の唯一の正統国家だと主張する二つの国家が生まれた。南朝鮮では八月に李承晩を大統領とする大韓民国が、北朝鮮では九月に金日成を首相とする朝鮮民主主義人民共和国が成立した(1)。

この後、ソ連は四八年十月に北から撤退するとともに、金日成の要請に応えて北朝鮮に武器を供与した。また、米国も四九年六月二十九日に南から撤退を完了した（韓国への軍事援助は行わなかった）。

南北双方とも自らの体制の下での半島統一を試みた。

金日成は、一九五〇年三月末～四月にかけて訪ソし、スターリンから南進の承認を得た（それ以前も数回訪ソしスターリンと会談したが、「南進不可」の回答であった。スターリンは、米ソの戦争に発展するのを恐れていた）。中国には一九五〇年四月に金日成が秘密裏に訪問したと言われている[2]。

そして、同年六月二十五日、北朝鮮軍が南に向け突如攻撃を開始した。開戦時、北十八万三〇〇〇人、南九万五〇〇〇人の兵力比で圧倒的に北が優勢であった。北朝鮮軍の破竹の攻撃を受けソウルは三日で陥落し、南朝鮮軍は釜山周辺地域まで後退した。

これに対し、米国は六月二十七日、「北朝鮮軍を三十八度線以北に撃退する」ことを目的とした国連決議を得て、米地上軍の派遣を決定した。七月七日には国連軍を創設し、七月十日にマッカーサーを司令官に任命した。

北朝鮮の九月攻勢も軍の力はそこまでが精一杯で、釜山を狙う力はなかった。そして、九月十五日に米軍が仁川上陸作戦を成功させるに及んで形勢は逆転し、九月十八日に国連軍はソウルを奪還した。

挟み撃ちにあった北朝鮮軍は、撤退の過程で甚大な人的・物的被害をこうむりながら三十八度線以北に撤収し、金日成ら首脳は鴨緑江に近い江界を臨時首都と定め、平壌北方に三段階の防御線を設置して体制を整えた。

中国義勇軍が朝鮮に入ってからは、金日成は彭徳懐志願軍司令と協議して、彭徳懐を司令官とする北朝鮮人民軍・中国人民志願軍連合司令部を構成し、連合司令部が作戦のすべてを指揮統括する体制とした。

当初金日成は、人民軍の指揮権を中国に委ねることに抵抗したが、ソ連の意思表示もあり、中国人が最高司令官を務めることを了承した(3)。

この中国参戦にあたり、中国は金日成に不満があったと言われている。金日成が朝鮮戦争を始めるにあたって、中国はソ連とともに同意し、万一の場合、人民解放軍の派遣も約束していたが、金日成は作戦計画も伝えないし、後方を重視せよとの毛沢東の忠告も無視していた。

彭徳懐が朝鮮に入って金日成と会談したとき、

「これは私とマッカーサーの戦争であり、貴下が口出しする余地はない。私が人民解放軍・八路軍副司令官であったとき、貴下は抗日東北連軍の師長にすぎなかったではないか」と発言し、格も経験も違うのだと凄《すご》んで見せたと言われる。

金日成は主導権を失い、休戦まで朝鮮人民軍は脇役に甘んずることになった(4)。

国連軍司令官マッカーサー元帥は、北朝鮮軍撃滅のためには三十八度線突破もやむを得ないという考えであった。九月二十七日の統合参謀本部のマッカーサーに向けた指令でも、三十八度線以北への進撃が許可された。

韓国軍の丁参謀総長は国連軍の指揮下にあるため、ウォーカー中将に具申し北進の承認を得、十月一日に三十八度線を越えて進軍した。マッカーサーは十月二日、国連軍傘下の部隊に北進命令を下した。

国連においても十月七日に、「朝鮮の統一、独立、民主的な政府樹立のために、国連の後援下に選挙の実施を含むあらゆる合法的措置を取る」ことを柱とする決議案を可決した。

この頃の戦況が、北朝鮮軍が瓦解し国連軍の軍事的勝利が確実視されていた状況であり、国連軍の北朝鮮軍撃滅という軍事目的とその後における朝鮮の統一という政治目的の達成を図ろうとしていたのは事実であり、国連軍の三十八度線突破も容認された。マッカーサーは十月八日に北朝鮮軍に降伏を勧告したが、反応はなかった(5)。

韓国軍は北上し、半島東部では十月十二日に元山を攻略し、中部を北上した部隊は平壌をめざして西進した。半島西部を北上した国連軍と韓国軍は、十月十九日には平壌を攻略した。

国連軍は、平壌北方に引いてあったマッカーサーラインからさらに北方の鴨緑江に五十～六十キロと近い地点に新マッカーサーラインを設置することを十月十七日に発布した。そして、半島の東部と西部双方からこのラインに向けて進軍した。

十月二十四日には、マッカーサーは「全部隊は最大限の速度で国境線に進撃せよ」と指令した。これは、設定したばかりの新マッカーサーラインのさらに北へ向かえということであり、ワシントンの統合参謀本部は懸念を示した。

国連軍も補給線は延び切り、しかも正面が広がり兵力は分散された。東部の第十軍と西部の第八軍の間には広大な山岳地帯が広がり、両軍の連携は取れなくなっていた。しかし、各部隊は鴨緑江まで行けば戦争は終わると考え、鴨緑江、豆満江へと急いでいた(6)。

一方、中国共産党軍は、十月十九日に鴨緑江を渡っていた。国連空軍はこの兆候を全く把握できていなかった。中共軍は行軍を夜間に限定し偽装を徹底していた。こうして、十月二十五日から、中共軍と国連軍の第一次戦役が開始された。

ここで、中国共産党が彭徳懐を司令官とする人民義勇軍を派兵する決定はどのように為《な》されたのかを振り返る。

もともと中国共産党は、朝鮮戦争は朝鮮の内戦と考えていたが、六月二十七日の国連決議で米国が海空軍の投入を決め、第七艦隊を台湾海峡に派遣すると、米国の侵略意図を感じ、朝鮮、台湾、ベトナムの三方向からの脅威（三路向心迂回戦術）を現実のものと感じ始め、毛沢東は参戦を決心した(7)。

また、八月二十三日には周恩来の軍事参謀であった雷英夫から、米軍の仁川上陸の可能性が報告されていた(8)。

十月一日、金日成から救援の要請を受け、同日韓国軍が北上を始めると、これを国連軍の北進と判断して、十月二日の政治局常務委員会拡大会議にて事実上参戦を決定し、十月五日の政治局拡大会議で正式に決定した。米国との全面戦争の形になるのを避けるため、派遣軍を解放軍でなく人民義勇軍とした。

また、毛沢東は当初林彪を司令官に考えていたが、九月三十日に林彪より司令官辞退の意向表明を受けた。その結果十月二日に、当時西北軍にいた彭徳懐に司令官就任を要請することを決定し、十月四日には彭徳懐の所属していた西北軍政委に迎えを派遣し、即日彭徳懐を北京に呼んだ。

この日行われた共産党政治局中央委員会に、彭徳懐は出席したが発言せず、毛沢東は辞退を懸念した。十月五日午前中に鄧小平が彭徳懐を訪問し、午後の政治局拡大会議で彭徳懐が「中央の決定に従う」と受諾を表明し、同時に朝鮮への出兵が最終決定された。(9) 彭徳懐は、東北部へ向かい出兵準備に入った。

その後、周恩来が訪ソし中共軍の参戦を告げ、空軍の出動を要請したが断られたことが判明した。彭徳懐は怒り、毛沢東は困惑したが、十月十三日の政治局拡大会議でソ連の空軍の援護がなくとも参戦すること、そして十九日に行動開始を決めた。

名分は「保家衛国、抗美援朝」(北朝鮮の救済よりも中華を守るとの意識)であった。彭徳懐は「困っている北朝鮮同胞を見殺しにできない」と考えたと述べている。

彭徳懐は、十月十六日師団長たちを集めて計画を説明し激励した。その場で師団長たちからは、空軍の援助なしに戦うことに対する不安が述べられた。

彭は急遽北京に飛び毛沢東と協議したが、十九日渡河の方針は変更せず実行することになった。

この間、参戦を主張する毛沢東に対し、反対論も多くあった。その理由は、中国は数十年の戦役から癒えていない、国内にも未解放地域がある、新政権の基盤が弱い、国連軍に対し武器装備が劣っている、などであった。

それに対し毛沢東は、アメリカが三ルートから中国を侵攻する戦略を立てた以上、反撃・打破の必要がある、交戦が不可避であれば早い方が良い、敵対勢力が鴨緑江南岸まで来れば国境線を防衛するのは困難で、大兵力の常時駐在を余儀なくされる、などを挙げ、「諸君の意見はみなそれぞれ一理ある。しかし隣国が存亡の危機に立っているとき、我々が傍観するのは、何といっても辛いことだ」と述べたと言われる[10]。

十月五日の政治局拡大会議で毛沢東に発言を求められた彭徳懐は、「朝鮮援助の出兵は必要だ。たとえ大きな損害を受けても、国内戦争が何年か延びたと思えばよい。もし鴨緑江南岸を制圧されることになれば、アメリカは侵略戦争を発動しようとすればいつでも口実を見つけることができる」と積極参戦の意見を述べた。

それに返すように、毛沢東は、「どんな危険を冒しても、どんな困難があっても、米国が平壌を占領する前に即時出兵するべきだ。彭徳懐同志を義勇軍の総司令官に推薦する。出動に関する具体的計画は、会議後彭とともに検討する」と述べた[11]。

この出兵決定時、彭が再三辞退したにもかかわらず、毛は困ったときに役立つからと言ってロシア語のできる長男毛岸英を連れて行かせた。彭は「主席の参戦に対する意思の並々ならぬものを感じた」と述べている。[12] なお、毛岸英は十一月二十五日、米空軍のナパーム弾爆撃を受け死亡した。

準備を整えた中共軍四個軍二十四万人は、十月十九日夕、鴨緑江を渡った。

渡河すると、十月二十一日に彭徳懐と金日成の初会談が行われ、彭は朝鮮人民軍との協調を図るために朝鮮の同志を志願軍の指導部に入れたいと申し入れ、朴一禹の志願軍入りが決まった。

そして、鴨緑江に向けて近づいていた国連軍との第一次戦役が開始された。

この戦役は中共軍三十万人、国連軍十三万人の間で一九五〇年十月二十五日～十一月五日の間行われ、中共軍は、国連軍の北進を防衛することに成功した。

中共軍は夜間のみ前進し、日中は姿を隠していて、ひそかに攻撃開始に有利な陣形を準備していたが、十月二十五日、韓国軍第一師団と接触し最初の戦闘が行われた。

彭徳懐は陣形構築を急がせ、十一月一日戦闘命令を発した。雲山で韓国軍を壊滅させ、次いで（米）第八軍騎兵師団を壊滅させることに注力した。思いがけない中共軍の大軍の攻撃で、米韓軍は手痛い打撃を受けた。

このような攻撃によって、国連軍の進攻を阻止し、後続の軍が渡河し到着するまで時間稼ぎを行うという第一次戦役の目標を達成した。毛沢東は、志願軍の兵力を三十八万余人に増強した。[13]

中国軍の戦闘司令部では、彭徳懐が西部戦線で国連軍の兵力十三万人に対し中国軍二十五万人、すなわち優位度一・九二で、また東部戦線では国連軍十万に対し優位度一・五の十五万人を配置するとの方針を明らかにしていた。

中国軍はすでに鴨緑江の南におり、洞窟にうまく隠れていた。中国軍は正面から攻撃しない。退路を断つために敵の背後に陣を取った上で、夜中に徒歩で移動する。敵の弱点を探しながら側面を通り抜けてゆく。たとえ夜でも道路がなくとも早く動く。中国軍が米軍のような重火器や弾薬、食料は持っておらず、軽装備だったことがそのまま強みになった（最終的にはこれが弱みになるが、この段階では強みになった）[14]。

次に行われた第二次戦役（十一月二十五日～十二月十日）（国連軍のクリスマス攻勢）では、総兵力四十二万人に達した中共・北朝鮮連合軍は、国連軍を三十八度線まで押し戻した。

代表的な戦いは、清川江流域の攻撃と長津湖の海兵隊との戦いであった。志願軍は、小部隊で一つ一つ迎え撃って敵を引き込み、日暮れ近くに敵が足場を固めていないところを、小部隊を敵軍後方に突入させ、手りゅう弾、銃剣で白兵戦を繰り広げ、敵にその優勢な火力を発揮させなかった。

志願軍の勇猛果敢な突撃に敵は慌てふためき、車両は混乱の中で立ち往生し、国連軍は総崩れとなった。十二月五日には平壌を撤退し、三十八度線まで押し戻された。

この間の戦いは中国志願軍が主体となって行われ、南から脱出してきた朝鮮人民軍が順次加わった。志願軍の戦法は、解放軍が日本軍や国民党軍と戦った際取った戦法、すなわち、毛沢東の人民戦争戦略・戦術であり、米軍にとっては経験のない戦法であった。マッカーサーをして「我々は全く新しい戦争に直面している」と言わしめた[15]。

国連軍は平壌を放棄し、三十八度線より後退した。この戦役により抗米戦争の勝利の基礎は固まり、朝鮮人民民主主義共和国の領土はすべて取り返された。

勝利に酔っていてもおかしくなかった十一月と十二月に、彭徳懐は最悪の時期が近くに迫っているかもしれないことをすでに知っていた。道路も鉄道も原始的な国における長い補給線の問題である。

また、ソ連と北朝鮮が「彭の軍隊はもっと精力的に米国を追跡すべきである」と主張し、現場の指揮者の彭ではなく、毛沢東を通じて彭に圧力をかけようとした。

このことに彭は激怒した。ソ連は軍隊を投入していないし、北朝鮮はその信じがたい過ちとお粗末な指導のゆえに、彭が尻拭いさせられていると考えるからであった。

補給の問題は深刻であった。中国側の兵站補給の大半は、トラックではなく運搬人足によって行われた。彼の部隊の多くは、三十八度戦に近づくにつれて、飢餓水準をわずかに上回る食料で我慢しなければならなかった。

三次戦役の始まる前、彭の部隊がまだソウルの北におり、毛沢東が宣伝上の価値ゆえにソウルの占領を強く望んでいたときでさえ、彭徳懐は部下が休息し、態勢を立て直すことができるように、攻勢にブレーキを掛けることを訴えた。

しかし、毛は十二月十三日付けの彭への電報で、敵を追跡しないことの政治的危険を指摘した。

十二月十九日、彭は毛宛ての電報で、「他の部分から早急な勝利を求める非現実的な楽観主義が高まっている」として、ソ連と北朝鮮を批判した。そして、休止期間を設けて、次の攻勢はそのあとで行うよう提案した。

毛沢東はこの提案に完全に同意するとしつつ[16]、彭の望む日程よりも六週間早く、一月初めに開始したいと考えていた。

彭は大晦日に攻撃し、その軍隊は三十七度戦に到達した。三次戦役の開始であった[17]。

二次戦役の間の十二月三日に、金日成が北京を訪れ毛らと面会した。

この場で中国側は、軍事指導権の一元化問題を持ち出し、毛は中朝軍隊の統一指導部を作らねばならないと言明した。金は不満であったと思われるが致し方なく同意したと思われ、帰国後十二月七日に彭徳懐と会談して最終形を決めた。

中国人民志願軍と朝鮮人民軍の総合司令部が組織され、彭徳懐を総合指揮部司令官兼政治委員、金雄を総合指揮部副司令員、朴一禹を総合司令部副政治委員に任命することに同意した。

金日成は、名目的に朝鮮人民軍最高司令官のポストを維持したが、金雄と朴一禹の指揮を受ける立場になり、作戦の指揮、指導からは排除されることになった。彼は、自分の作戦指導に対する批判が中国側にあることを感じたと思われる[18]。

中国は金日成を軽蔑していた。彭徳懐も北朝鮮が南で戦争を始めたやり方を軽蔑していた。「冒険主義以外の何物でもなく、軍の統制も子供並みであった。（一九五〇年十月）十九日に指導部は平壌を死ぬまで守れ、との命令を出し、その結果三万人の防衛隊が（前進して来た国連軍部隊から）逃れることができなくなった」と報告していた[19]。

第三次戦役（一九五〇年十二月三十一日〜一九五一年二月十日）（中共の正月攻勢）では、中共六個軍、北朝鮮三個軍の三十万人余が投入され、三十八度線を突破して南下した。

志願軍は、地雷原や鉄条網をものともせずに突破した。韓国部隊の指揮官は、「敵はあっという間に次から次に拠点に突っ込んで来た。地雷が爆発し、鉄条網を覆うように死体が重なっていたから、多分敵は第一波に地雷を踏ませ、後続部隊が進撃する道を切り開いたと思われる。人命を第一と考える我々には想像もつかないことだ」と語った。

一月十四日には中共北鮮軍はソウルを解放し、米軍はソウルから三十七度線まで撤退した。この時点で、毛沢東と彭徳懐の間で意見の相違が発生した。さらに南下を主張する毛沢東に対し、彭徳懐は軍の疲労回復のため休養が必要と主張した。

毛沢東は、好機を逃すなと南進することを強く要求した[20]。彭徳懐の自述によれば、「中国人民志願軍が朝鮮に入って以来すでに三か月、その間に三度にわたる大戦役を連続的に行った。厳しい冬の寒さの中で、空軍や高射砲の掩護もなしに戦ってきた。敵機の爆撃と昼夜を分かたぬ長距離砲の砲撃の下で、我が軍は昼間の行軍は不可能であった。三か月来、一日の休息も取らず、部隊の疲労は甚だしいものであった。補給線の延長につれて、物資の補給は非常に困難になり、戦闘員、非戦闘員の数は減少し、部隊の半数近くになっていた。次の戦闘に備えるためには、急いで休息と整頓、補充を行う必要があった」と述べている[21]。

このとき、金日成は「南進を続けたい、いま米軍を追撃すれば朝鮮から撤退する」との意見であった。それに対し、彭徳懐は、

「あなた方の見方は間違っている。かつてあなた方は米国は絶対に出兵しないと言い切り、米国が出兵した場合にどう対応するかを想定して準備をすることをしなかった。今はまた米軍は必ず朝鮮から撤収すると言い切るが、米軍が撤退しなければどうするかを考えない。あなた方は早い勝利を望むが具体的な準備と対策をしない。それは戦争を長引かせるだけだ。あなた方は戦争の勝利を幸運と僥倖《ぎょうこう》に託し、人民の事業を賭け事のように扱っている。これでは戦争を再度敗北に導くに決まっている。私は、あなた方の敵を軽視する意見に反対だ」と述べた結果、金日成は彭徳懐の意見に同意した。

スターリンは、中朝間で軍事の指揮権をめぐって論争が起きたことを知り、

「中国義勇軍の指導は正しい」「疑いもなく、真理は彭徳懐の手が握っている」と述べ、

「彭徳懐はあのような劣勢の装備で最も強大な米帝国主義を打ち負かし、彼は現代の天才的な軍略家だ」と称賛した[22]。

一九五一年一月十三日に、西欧諸国は、国連において朝鮮における即時停戦を提議した。中国は休戦に応じる条件として、中共の国連加盟を即時認める要求を行った。これは米国にはのめる条件ではなく、この提案は成就されなかった。毛沢東は、第四次か五次でアメリカ軍を朝鮮半島から撤退させ、朝鮮半島の統一を実現するつもりであった(23)。

一方、戦線では、国連軍の空軍と地上軍に叩かれた上に、寒さと飢えに苦しみ、中共軍の戦力は著しく低下し、防御に移っていることが明らかになった。

次に行われた第四次戦役（一九五一年二月十一日〜十八日）では、国連軍の作戦目的も侵略者を韓国から撃退することとなり(24)、リッジウェイ司令官は一月後半から二月上旬にかけて、サンダーボルト作戦およびラウンドアップ作戦を打ち出した。

二月十一日からは中朝軍の二月攻勢が行われた。この戦役では、三十七度線付近の横城、砥《チ》平里《ピョンニ》、双子トンネルが主戦場であったが、国連軍の大勝利であった。

国連軍には、「叩いても叩いても雲霞《うんか》の如く押し寄せる」中朝軍への恐怖心があったが、中国軍の戦法を理解するようになり、神秘化する傾向はなくなっていった。二月後半から三月中旬にかけて、キラー作戦およびリッパー作戦を指令し、航空部隊の支援を受けた地上部隊の火力で撃滅戦を行った(25)。

中朝軍は三十八度線の北へ戻り、国連軍がソウルを奪還した。

彭は二月二十日に北京へ飛び、毛沢東に状況報告し、長期戦に向けて部隊の一部交換などに合意した。

一方、トルーマン大統領は、三十八度線を回復した以上、国連軍はその使命を果たしたとして休戦提案を起案した。マッカーサーは大統領の意向に反して北進を命じ、解任された（一九五一年四月十一日）[26]。

第五次戦役・第一段階（一九五一年四月二十二日～三十日）では、中朝軍は春季攻勢を行い、ソウル攻略戦を行った。

この間、国連軍は航空機で地上戦に協力し、また火力の壁によりソウルを守った。

第二段階（一九五一年五月十六日～二十二日）の闘いは、国連軍が優勢であった。国連軍の死傷者約三万五〇〇〇人であったのに対し、中朝軍は推定八万五〇〇〇人の死傷者を出し、惨敗と言える甚大な被害を被った。

第四次、第五次戦役で、志願軍は米国の近代軍事力を初めて経験した。彭徳懐は、この戦争から、通常戦力の近代化の重要性、すなわち陣地戦を強いられたとき、および優勢な火力と近代的航空戦力に対抗したときの自己の劣勢を認識した。そして、近代的な軍隊と対決できるようになるためには、中国軍を徹底的に改造しなければならないことを、切実に認識したのである。

また、第五次戦役における問題として、国連軍が三十八度線に沿った全戦線に陣地を構築して陣地戦に移行したのに対し、中国軍はそれまでと同じ人海戦術がとられたことであった。中国軍も陣地を固めることが必要であった、と彭徳懐は述べている。[27]

第四次、五次戦役で中国軍は米軍の近代的軍事力、特に機甲部隊と砲兵部隊および空軍の威力を初めて経験した。彭徳懐は通常兵力の近代化の必要性を認識した。そして、陣地構築の必要性を痛感し、中国軍も陣地戦に移行することに決めた。[28]

第五次戦役以降、戦線はほぼ現在の軍事境界線に沿って膠着《こうちゃく》した。

米軍の最新科学の諸成果を投入した物量作戦に志願軍が対抗できたのは、人海戦術によって軍事境界線沿いに構築された地下陣地（朝鮮半島の西海岸から東海岸までの二二〇キロメートルにわたり、かつ二十〜三十メートルの奥行きを持っていた）であった。[29]

戦争の後半、志願軍はこの陣地によって戦線を膠着させ、戦術的反撃を行い、国連軍と一進一退の死闘を繰り返し、それによって五一年七月に始まった停戦交渉で中国側が国連軍側に対し対等に交渉することを可能にした。

この第五次戦役の後、中国は戦争の続行はできないと結論したが、金日成は早期に総攻撃を行い、早い勝利と決着を求めた。

それに対し、毛は、五一年六月上旬、高崗と金日成にスターリンに会うよう調整し、スターリンは「現在休戦することは良いことだ」と述べたため、金日成はこれ以上主張できなかった。[30]

ソ連代表マリクによる停戦提案が六月二十三日、国連安全保障理事会に出され、中共もこれに同意した。六月三十日には、リッジウェイは金日成、彭徳懐に休戦交渉を提案した。

七月十日から休戦会談が開城で始まったが、約二年の長きにわたる交渉となった。

この間、前線では小競り合いが続いた。この時点で、共産軍は彭徳懐司令官の下、中共軍七十七万人、人民軍三十四万人の合計一一二万人の規模であった[31]。

また、この二年のあいだに中国はソ連の援助を得て軍隊を再編成し、再装備を重ねた。砲兵、工兵、装甲兵、通信兵などの近代的技術兵部隊が編成された。五二年には空軍の建設も進み、ジェット戦闘機を一〇〇〇機持つようになった。

これらの増大した戦闘力は、休戦交渉中の局地的な戦闘でその効果が示された。このときの中国志願軍は、もはや一九五〇年に鴨緑江を渡河した軽装備の軍隊ではなかった。

一九五二年春、彭徳懐は帰国し、中共軍事委員会の日常活動を主宰し、解放軍の近代化・正規化に取り組んだ。

一九五三年になって三月にスターリンが死去し、共産側に軟化の兆しが見えた。

五三年六月に彭徳懐は朝鮮に戻った。休戦が近づいた頃、金日成は、彭徳懐、ラズバエフ（ソ連大使兼主席顧問団長）と会談を持った。

この席上、金は停戦はするがソウルを占領した後にしようと発言した。これに対し、彭徳懐は反論し、人命損失の危険性、補給の困難性、ソウル占領による国連軍側の停戦締結解消の危険性を理路整然と述べ、中共は現時点でのソウル解放作戦の必要性を感じないと述べた[32]。

五三年六月には休戦会談が終了し、五三年七月二十七日、板門店で協定調印が行われた。彭徳懐は、第二次世界大戦後の社会主義陣営の中で、第一番目にアメリカ軍を破ったアジアの将軍となった。

ソ連共産党第二十一回党大会で、彼はフルシチョフに「真の英雄」「偉大な統帥」と賛美された。朝鮮人民民主主義共和国から一級国旗勲章を授与され、八月十一日に帰国し、同年九月十二日に中央人民政府委員会第二十四回会議で「中国人民志願軍の抗米援朝活動」を報告した。[33][34]

朝鮮戦争停戦後、金日成は独裁体制の推進を強めた。一九五六年八月には延安派が一掃された。

中ソはこの事態を懸念し、ミコヤンと彭徳懐を平壌に送り、八月に党籍を剥奪されたソ連派および延安派の面々の除名処分を撤回させる介入を行った。しかし、この介入も成功せず、その後金日成は党内反対派を一掃していった。[35][36]

停戦調印後のこととして特筆すべきは、数十万の人民解放軍兵士が無償労働して朝鮮の戦後再建に貢献したことである。一九五三年七月の朝鮮戦争休戦のとき、中国義勇軍が朝鮮に配備した部隊は、合わせて歩兵の十七個軍団ほか一二〇万人だった。

ジュネーブ会議後、撤退を加速し、一九五七年末の時点で未だ三十万人近く残っていたが、最終的には一九五八年十月に撤収を完了した。

2　朝鮮戦争後の軍改革

朝鮮戦争停戦後の一九五三年十二月から一九五四年一月にかけて、全軍軍事系統党高級幹部会議が開催され、彭徳懐は「四年来の軍事活動の総括と今後の軍事活動のいくつかの基本問題」を報告し、朝鮮戦争における米軍との近代戦争の経験を総括して、解放軍の近代化・正規化を提起した。

中国では五三年から始まった第一次五か年計画の作成過程にあり、彭徳懐は軍隊建設第一次五か年計画を作ろうとしていた。

五四年九月、全国人民代表大会で憲法が制定され、解放軍は中華人民共和国主席（国家主席）の統率下に置かれた。また、国務院に国防部が創設され、彭徳懐は初代国防部長（兼国務院副総理）を任命された。

五五年九月二十三日には、一級八一勲章（革命戦争の功績）・一級独立自由勲章（抗日戦争の功績）・一級解放勲章（解放戦争の功績）を授与された。九月二十七日には毛沢東から元帥の階級を授与された。

五六年三月、中共中央軍事委員会拡大会議が開催され、彭徳懐は「祖国を防衛する戦略方針と国防建設問題について」報告し、積極的防衛（国境線で戦うのではなく、敵を国土に引き入れた後に包囲殲滅する戦法）でなければならないとし、その戦略方針に基づいて、陣地戦と運動戦を結合した作戦形式を提起した。

　彭徳懐は、中国の一万キロメートル以上の海岸線のほとんど全部を視察し、対台湾軍事行動と戦略部署について討論した。そして、当面米国が侵略戦争を拡大する可能性は小さいことを指摘し、国家の力を経済建設に集中して重工業と国防工業に投入することを説いた。

　五六年秋には、建国後初めて開催された中共第八回全国代表大会で、彭徳懐は解放軍を代表して建国後の軍隊建設と戦略方針を説明した。

　五七年一月、中共中央軍事委員会拡大会議で兵員の削減による軍隊の質的向上が提起され、同八月の建軍三十周年には、記念論文「強大な近代化された軍隊を建設し、祖国の平和建設を守ろう」を書いて、建国以来の建軍方針と今後の方針を示した[37]。彭徳懐が、朝鮮戦争での成功を背景に昇進し、軍の最高司令として輝かしい活躍を示した時期である。

　五八年前後の中国軍事指導者体制は、彭徳懐元帥のもとに、譚政上将、黄克誠大将、洪学智後勤上将など、主として朝鮮戦争に参加した第四野戦軍系軍人を中心にして形成されている。彼らは、革命戦争において戦功をあげ、あるいは建国後の軍隊建設に貢献し、確固とした自己の立場を築いている軍人である[38]。

　彭徳懐は、朝鮮戦争後期から続いてソ連の軍事援助を受けつつ、軍の近代化・正規化を図る戦略であった。これは上記の五六年秋の第八回全国代表大会において示された基本方針であった。

しかし、五八年五月～七月の中共中央軍事委員会拡大会議を境に、毛沢東方針との相違が徐々に顕在化した。平松の分析[39]に依って、以下要約する。

五八年三月、成都で毛沢東の「大躍進」が現実化するが、「軍は落伍している。早く追いつかなければならない」として、軍事委員会拡大会議の開催を提案した。

このとき、林彪は「ソ連軍の学習と教条主義反対に関して議論があったが、この問題は重要なので首題とすべき」と毛沢東に具申し、毛は「この闘争は展開すべきである」と応じた。

また、五月二十三日付けの『解放軍報』に掲載された空軍司令員劉亜楼の論文「毛沢東軍事思想を真剣に学習しよう」が『新華半月刊』誌に収録され、中国が戦略核兵器の開発を決断することと共に、建国以来の「近代化・正規化軍事路線」が批判され、毛沢東軍事思想に基づく軍隊建設路線に回帰する方針が打ち出された。

建国以来、中国はあらゆる領域でスターリン時代のソ連の社会主義建設をモデルとして推進してきたが、導入過程で中国の現実との間に様々な矛盾・問題が生じ、ソ連モデルを機械的に導入することに疑問が生じていた。特にスターリン批判後は毛沢東が一九五六年四月に「十大関係論」を提起し、ソ連の経験の機械的模倣を「教条主義」として強く批判していた。このような毛沢東思想にもとづく軍隊建設と教条主義批判が、彭徳懐の考えていた軍近代化路線に制約と影響を与えた。

こうした中で五八年五月二十七日～七月二十二日の間、中共中央軍事委員会拡大会議が開催された。

前半の五月二十七日～六月九日の間、彭徳懐が会議を主宰し、建軍原則、建軍方針、戦略方針を議題として提起し、議論を促した。この間は「教条主義反対」に議論が集中することもなかった。

しかし、六月九日から後半に入ると状況が変わった。六月九日午後、軍事委員会秘書長黄克誠が毛沢東の重要指示を伝えた。

「大国には大国の憲法があり小国には小国の憲法がある。教条主義はこの真理を認めない。ソ連の諸制度はソ連の土壌から生まれたものであり、彼らは中国の社会的存在を認めず中国が特有なものをもっていることを認めない」という問題意識であった。これ以降「教条主義反対」が会議の主題になった。

六月十八日に毛沢東は核の自力開発を発言した。六月二十日の全体会議では彭徳懐が、ソ連をモデルにした「ブルジョア階級・教条主義軍事路線」と、毛沢東の人民戦争思想に基づいた「プロレタリア階級軍事路線」との「二つの軍事路線の闘争」を提起し、全国勝利後再び軍事教条主義が復活し、毛沢東同志の建軍思想と戦略方針に反対していると語り、「教条主義の問題では私に責任がある」とも語った。

彭徳懐は当初「教条主義」批判を、ソ連の経験を批判的に学習することに限定していたが、会議の後半では、ソ連軍の経験を学習すること自体を批判する毛・林の教条主義批判の立場に合わせていった。

二十一日、二十三日、二十九日と毛沢東は講話および座談を行い「教条主義反対」を述べた。七月二十二日の拡大会議では、全軍に対して「教条主義」との闘争を展開することを指示した。

この決議により、陳伯承や蕭克ほか多数の幹部が批判され、彭徳懐が進めてきた近代化・正規化にも大きな影響が出た。

彭徳懐自身も、中国の条件に適合した軍隊建設を考慮し始めていたので、この点で毛沢東と大きな違いはなかったと考えられるが、決定的に意見が異なったのは核兵器の自力開発であった。

毛沢東は、核兵器開発に国家の総力を集中し、通常兵力の近代化を後回しにする考えであったが、彭徳懐は当分の間はソ連の「核の傘」に依拠して、解放軍の近代化を優先する考えであったと思われ、自力核開発によるソ連との協力関係悪化も懸念したと思われる。

毛沢東の核兵器開発の決断は、五六年四月の中共中央政治局拡大会議に求められるが、毛の自力核開発の決断は、ソ連が五七年十月に供与を約束した援助を、五八年四月には早くも断ったことによると考えられている。

五八年五～六月の中央軍事委員会拡大会議で核兵器の自力開発は重要議題であったが、当該拡大会議の後半で議論された可能性が高い。加えて、大躍進政策が彭徳懐の進めてきた軍近代化・正規化路線に重大な影響を与えた。

この間、中ソ対立が激化した。フルシチョフは米国との世界戦争を回避する考えから、中国の核兵器開発を断念させようと試み、同年秋の中国の金門島砲撃により中米対立が深まった時期に、中ソ関係も悪化した。

一九五八年末、フルシチョフは人民公社を批判したのに続いて、五九年六月核開発への援助を約束した国防新技術協定を破棄し、六〇年六月にはすべての技術者を中国から引き揚げた。「ソ連の核の傘」およびソ連の軍事援助は彭徳懐の「近代化・正規化軍事路線」の大前提であったが、他方、毛沢東は「ソ連の核の傘」から出て、独自の核兵器保有をめざした。このことにより、毛と彭の路線が離れて行くことになった。(40)


【注】
（1）『朝鮮戦争全史』和田春樹著、岩波書店、二〇〇二年、二十一～二十二頁
（2）『毛沢東の朝鮮戦争』朱建栄著、岩波書店、一九九一年、三十～三十一頁
（3）『最後の天朝　上』沈志華著（朱建栄訳）、岩波書店、二〇一六年、一八八～一九一頁
（4）『戦場の名言』田中恒夫、葛原和三、熊代将起、藤井久編著、草思社、二〇〇六年、一八二～一八四頁
（5）『図説　朝鮮戦争』田中恒夫著、河出書房新社、二〇一一年四月、七十三～七十五頁
（6）同右、七十七～八十一頁
（7）前出、『毛沢東の朝鮮戦争』一二八頁

(8)同右、一二九〜一三〇頁
(9)同右、一九七頁
(10)同右、一九五頁
(11)同右、一九八頁
(12)『現代中国の軍事指導者』平松茂雄著、勁草書房、二〇〇二年、五十一〜五十二頁
(13)前出、『朝鮮戦争全史』二四七頁
(14)『ザ・コールデスト・ウインター　朝鮮戦争　下』デイヴィッド・ハルバースタム著（山田耕介、山田侑平訳）、文藝春秋、二〇〇九年、九十四、一三八頁
(15)前出、『朝鮮戦争全史』二四八、二五三〜二五四頁
(16)同右、二五九頁
(17)前出、『ザ・コールデスト・ウインター　朝鮮戦争　下』二四七〜二五三頁
(18)同右、二五一〜二五三頁
(19)同右、三十四頁
(20)前出、『図説　朝鮮戦争』九十二頁
(21)『彭徳懐自述』彭徳懐著、サイマル出版、一九八六年、三四八〜三四九頁
(22)前出、『最後の天朝　上』二〇六〜二〇七頁
(23)前出、『朝鮮戦争全史』二六九頁
(24)前出、『図説　朝鮮戦争』九十六頁
(25)同右、九十七〜九十八頁
(26)同右、九十七〜一〇〇頁

(27)「朝鮮戦争指導をめぐる毛沢東と彭徳懐の政治的確執」平松茂雄、軍事史学23(1)、二～十七頁、一九八七年
(28)『中国と朝鮮戦争』平松茂雄著、勁草書房、一九八八年、一五七～一六七頁
(29)前出、『現代中国の軍事指導者』二十二頁
(30)前出、『朝鮮戦争全史』三〇〇頁
(31)『韓国戦争　第五巻』韓国国防史研究所編、かや書房、二〇〇二年、九～十頁
(32)前出、『図説　朝鮮戦争』一一三頁
(33)前出、『現代中国の軍事指導者』二十三頁
(34)『資料大系アジア・アフリカ国際関係政治社会史　第二巻　第2分冊f(アジア2f)』「中国人民志願軍司令官彭徳懐の中国人民志願軍の抗米援朝工作に関する報告」浦野起央編、パピルス出版、一九九六年、二七九二～二八〇四頁
(35)『アジア冷戦史』下斗米伸夫著、中央公論新社、二〇〇四年、八十七～八十九頁
(36)『北朝鮮』平岩俊司著、中央公論新社、二〇一三年、五十八～五十九頁
(37)前出、『現代中国の軍事指導者』二十三～二十九頁
(38)同右、四十九頁
(39)同右、三十五～三十八頁
(40)同右、四十二～四十三頁

第三節　廬山会議〜文化大革命まで

1　大躍進開始期

朝鮮戦争が休戦交渉に入る中、スターリンが死去し、中国国内では毛沢東による急進改革路線が提起され、それに反対する路線がせめぎ合った。

一九五三年のスターリンの死は、毛沢東にとっては解放であった。スターリンは常々、毛沢東にとっての不倶戴天の敵である蔣介石の懐に飛び込むよう命じていた。また、毛を冷遇することも多かった。

一方、毛とスターリンは類似点が多い。毛沢東はスターリンと同じく何人といえども自分と対等だとは考えられない人間であった。そして、主席たる身に課された歴史的役割に確固たる自信を持っていた、という意味でもスターリンと同じだった。毛は自らの才能と無謬《むびゅう》性を確信していた。

一九五六年にはソ連共産党第二十回大会において、フルシチョフによるスターリン批判が行われたが、毛にとっては、スターリンの権威の衰退は、自らの基盤の弱体化を意味した。

このことは、強大化する毛沢東の権力をおそれ、かつての集団指導体制の復活を望む人々に格好の攻撃材料を与えた。

一九五六年九月の第八回党大会では、党規約から毛沢東思想という言葉が削除され、集団指導体制の原則が称賛され、個人崇拝は非難された。

鄧小平は党規約改正報告の中で、個人崇拝、個人迷信に反対しなければならないと述べ、さらに党の八大規約の中から党の指導思想が毛沢東思想であるという部分を削除した。提案したのは彭徳懐で、劉少奇と鄧小平が賛成した。

これは大変なことであり、毛沢東は誰かが自分に反逆するのではないか、と心配した。[1]毛沢東が農業集団化を加速するなど政策を急進化しようとしたのに対し、周恩来や陳雲は、それを「冒進」として止めるよう求めた。

毛は、こうした動きを自分に対する挑戦と受け取った。

一九五七年に、百花斉放運動に乗り出し、右派分子をあぶりだそうと試みた。毛は鄧小平を起用して反右派闘争を展開した。

百花斉放運動は、一九五七年六月に挫折したが、毛はこの右傾保守主義が経済停滞の背後にあると考え、劉少奇を味方につけ同年九月〜十月に行われた中共第八期八中全会で「反冒進」を批判して、「多く、早く、立派に、無駄なく」の総路線を打ち出し主導権を握った。[2]

五七年十一月二日〜十五日、毛沢東らはモスクワを訪問した。十一月九日のフルシチョフらソ連首脳と行った会談で、十五年後に中国の鉄鋼生産は四五〇〇万トンとなり、イギリスを追い越す、と発言した。

この発言が、大躍進のきっかけとなった。一九五八年から開始した第二次五か年計画において、粗鋼、石炭、綿花、食糧大増産計画が立てられ、同年開催の主要会議ごとに切り上げた目標が立てられた。

近代的な大工業を推進するのと並行して、全国農村での農田水利建設などにより農業生産運動を推進する二本足路線が行われた。また、こうした大規模な労働力を軍隊的規律により組織する目的で人民公社が作られた。

一九五八年一月の南寧会議および同年三月に行われた成都での政治局拡大会議で、周恩来らは「反冒進」を自己批判し毛沢東に忠誠を誓った。

一九五八年五月、中国共産党八全大会第二回会議では、毛沢東の提出した「大いに意気込み、常に高い目標を目指し、多く早く立派に無駄なく社会主義を建設する」総路線が承認され、「社会主義建設の総路線」「大躍進」「人民公社」のスローガンが打ち出された（これを「三面紅旗」と言う）。

一九五八年八月の北戴河会議以降、大躍進の熱気が全国を席巻した。[3] 会議の討議を踏まえて発表された「中共中央政治局拡大会議の全国人民に対する一〇七〇万トンの鋼を生産するよう奮闘の呼びかけ」と「中共中央の農村に人民公社を建設することについての決議」が発表された。[4]

毛沢東が次期国家主席を辞退（共産党主席は保持）することを表明した八期六中全会（武昌会議）が、一九五八年十一月に開かれた。この会議後、「毛の国家主席辞任」が発表されている。

これには二説あり、大躍進、人民公社運動の失敗の責任を取って辞任に追い込まれたとする説[5]と、毛が後継者と期待する劉少奇に威信を付そうと配慮したとの説[6]がある。

この会議で西北地区グループに参加した彭徳懐は、一九五八年の食料と綿花の生産高の公表に関する討論で、ある人間が五億トン以上だと言うと、そんなに多くないと言った。

武昌会議が終わると、彭徳懐は湖南の視察に出かけ、食糧生産高は公表の数字ほど多くないと感じた。平江県では数字のでっち上げ状況があることを知り、また湖南視察では農民が飢えている情況を知った。

紅軍時代に負傷し障碍者となった老兵士が彭徳懐にこっそり紙切れを渡した。それには、「穀物は地面にこぼれ、イモの葉は枯れている。青年、壮年は鉄を作りに行き、穀物を収穫するのは子供と婆さんである。来年どうやって食べてゆくのか。どうか人民のため声をあげてほしい」と書いてあった。

農民たちの悲惨な生活、幹部たちの乱行や悪事を、彼は湖南省の故郷で自分の目で見た。だから廬山で、良心に背き声をあげずに済ますわけにはいかなかった。

このときの彭徳懐が人民公社を訪れた写真は、風格が感じられる。国防部長にまで昇進した

自信と、民衆から歓迎され頼りにされる状況による自信が感じられる。(3)

一九五九年四月二十四日、彭徳懐は軍事施設団長として北京を出発、六月十三日まで約五十日間の東欧訪問に出かけた。

ハンガリー訪問では、ハンガリー事件の主要な原因が、粛清の拡大と経済工作における「左」の誤りであることを理解した。そして、

「一番恐ろしいのは、党の路線が間違うことと、党のやり方が大衆から離れることだ」と言った。

六月十三日に北京に帰ると、彭徳懐は内部資料を真剣に読んで、深刻な状況だと認識したところに丸をつけて毛主席に送った。その量は膨大であった。

なお、彭徳懐はこの東欧訪問旅行中フルシチョフと会談している（会談していないとの説もあり、はっきりしない）。この会談の後、フルシチョフは「国防新技術に関する協定」を一方的に破棄し、中国に原爆の見本と原爆製造の技術資料を提供することを拒否した。(7)

一九五九年六月十二、十三日、北京中南海で開かれた政治局拡大会議の席上、毛沢東は一九五八年の誤りについて自己批判をした。

「昨年（一九五八年）、私には少なくとも三つの過ちがあった。第一、計画が大きすぎ、指標が高すぎた。第二、権力を下に移しすぎた。その結果、下は上の言うことを聞かずそれぞれが勝手に振る舞った。政策も混乱したくさんの金も使った。第三、公社化を急ぎすぎた。試験を

経ずに直ちに推し進め、共産風を大きく吹かせ、幹部も管理できなかった。今、食糧が足りないのは主として生産高を偽って報告したからである。また飯をただにしたため、腹の皮を緩めて食べすぎたからだ」と述べている(3)。

一九五九年六月二十三日、毛沢東は周小舟を供に湖南を視察し、「成果は偉大であり、問題は少なからずあるが、前途は明るい」との結論を出した。しかし、当時多くの部署（党学校、軍の一部の幹部、国務院秘書庁幹部など）より三面紅旗に対する批判は多く、毛沢東も批判の資料を受け取っていた(8)。

六月末、彭は廬山会議の通知を受け取ったが、気が進まず、黄克誠を行かせようとした。しかし、黄から、

「通知はあなたに来たのです。批判されると不愉快だからですか？」と言われ、彭はすっきりしないのだと言いつつ出席することにした。

2　廬山会議

一九五九年の廬山会議は、七月二日から八月十六日まで四十六日間開催された。そのうち、八月一日までが党中央政治局拡大会議、八月二日から十六日までが八期中央委員会第八回総会（八期八中全会）であった。

六月二十七日から七月一日にかけ、廬山会議に出席する中央指導者たちは北京から専用列車で武漢まで行き、そこから九江まで船に乗った。彭徳懐も、この中にいた。列車の中で彭徳懐、張聞天、賀龍、康生ら高級幹部の話題になったのは、一九五八年の大躍進の問題であった。

陸定一は山に登る前、周恩来の命を受けて大製鉄所の問題を調査し、非常に多くの憂うべき問題（ホラ、誇張現象など）を彭徳懐に語った。

当初予定では、会議の期間は半月で、『廬山会議諸問題議定記録』を通過させたのち、山を下りてそれぞれの職に戻るはずであった。当時会議に参加した人たちはこの会議は反左傾であると考えていた。

初日に毛沢東が演説し、十九の問題を話し、この十九の問題に基づいて各グループに分かれて討論しようと話した。

十九の問題とは、事務主義であってはならない、農業と工業という二本足で歩かねばならず、農業・軽工業・重工業の順であって、指導を一本化せねばならない、団結しなければならない、などであった(9)。

会議の初めの数日間は「各自が言いたいことを思う存分言い、意見を述べる」やり方を取り、これを「神仙会」と呼んだ。

神仙会は、毛沢東が批判者をおびき出す手段として行われたと考えられ、一九五六年の百花斉放のときに一度使われた。五十万～六十万人の本当のことを言った知識人を右派に仕立て弾圧し、大勝利を収めた。

七月三日、西北グループの討論が始まり、このグループに属した彭徳懐が最初に、

「経験はきちんと総括すべきで、投げ出してはならない。不満を隠してもいけない。毛主席の故郷の公社が昨年達成した増産量は、実際にはあんなに多くはなかった。実際には十三パーセントの増産にすぎないことが分かったのだ。主席はこの公社に行ったことがあるので、どう思うかと尋ねたのだが、主席はそのことは話し合わなかった、と答えた。だが、私は話していると思う」と述べた(10)。

廬山会議では、毛は彭が自分を侵すように仕向け、そののち、彭徳懐に襲いかかったのである(11)。

神仙会では、大躍進に対する様々な批判が出た。しかし、大躍進を擁護する人間もいた。神仙会の最中、彭徳懐は西北組の中で率直に自分の考えを語った(12)(13)。

「一九五七年の整風反右派運動以来、政治でも経済でも続けざまに勝利したことで党の威光が高まり、そのために少しのぼせた」

「主席の故郷の公社が提出した増産高は、実際はそれほど高くない。主席もその公社には行っている。その話はしなかったと言っているが、私はしたと思う」(以上七月三日午前)

「プロレタリア独裁以降、官僚主義に陥りやすいのは党の威信が高いからだ」

「経験から学んで、恨んだり、責任を追及してはならない。責任は皆にあり、皆が少しずつ負う。毛沢東同志も例外ではない。一〇七〇万トン製鉄は毛主席が決めたことだ。彼に責任がないはずはない」（以上七月四日午前）

「北戴河会議以降、『左』のことをやったが、正しいのか。全人民が工業をやって基準量に達しないものが一万三〇〇〇件以上もある。どうするのか」

「我々の党内では、『左』を修正するのは難しく、『右』は比較的修正しやすい。『左』が始まるとすべてを圧倒し、多くの人が話をしようとしなくなる」

「人民公社は早すぎたと私は思う」（以上七月七日午前）

「政治と経済はそれぞれ異なる規律を持っている。したがって、思想教育をもって経済工作に代えることはできない。中国人民における毛主席と党の威信の高さは世界でも類のないものである。しかし、権威を乱用しては駄目だ。昨年、主席の考えがやたらに伝えられたが問題である」（以上七月八日午前）

「算帳派とか日和見派とかレッテルを貼るから提言の道が狭まってしまう。一部の人たちは、本当の話をせず、指導者の考えを探っている」（以上七月九日午前）

「党の末端の民主問題に注意せねばならない。現在は、党委員会が集団指導決定するのではなく、個人が決定している。個人の威信のみを打ち立てるのは不正常であり、とても危険だ」（以上七月十日午前）

といった多くの意見を述べた。柯慶施《かけいし》はこれらの厳しい彭の発言を毛に送った。

この間、彭は周小舟と二度話している。一回目は七月五日で、西北組で彭の話した内容を周（中南組にいたので彭の話を聞いていない）に話し、中央常務委員会の間で一部の問題が話しづらかったり、できなかったり討論しにくくなっていると告げた。

彭はいくつかの考えを主席に話しに行きたいが、言い間違えて不満を引き起こす心配がある。自分は言葉がぶっきらぼうだし、じきに口応えし、ぐさりとやってしまうので、悪くすると誤解を招く、と言った。

毛は、七月十日、各討論グループの組長会議を開き、「イエローカード」をちらつかせた。彼は党内の統一と共通のイデオロギーとによってのみ党の問題は解決されると強調し、総路線も大躍進も正しい。たしかにいくつかの失敗はあったが、いずれも相対的に小さなものだ。「人には指が十本ある。我々は、十本のうち九本までを成果の達成と考えて良い。あとの一本だけが失敗だ」と述べた。主席のスピーチにはこれ以上の批判は許さないと言う警告が込められていた(13)。

「党内には全体状況を把握していない者がいる」

「鉄鋼生産や食料生産を倍増させようとしたことで無理があったが、これだけのことで主体性を失おうとしている」

「大躍進と公社化の問題については、何度も会議を重ねて常に問題を解析し解決して来た。総路線は『多く、早く、立派に、無駄なく』という意味で、問題のはずがない」

「七十パーセントの人間はこの総路線のやり方についてくる」

「情勢に関する認識が異なっていたのでは、一致団結はできまい。今はまず思想問題からはっきりさせねばならない」

と自己の反対者として彭徳懐を想定し、持論を述べた(14)。

七月十日午後、毛沢東は会議を招集し、長い講話を行った。三面紅旗に関する見方を示し、「この問題で考えが一致せず、党内が団結できなければ、それは全党、全国民に関連する大問題である」と警告した。

柯慶施の警戒心はにわかに高まったが、主席の真意を測りかねていた。

この晩、毛沢東は周小舟、李鋭らを呼び、意見交換した。毛は、彼の反対派がどのようなものであるのか、偵察を行ったものと考えられている。

七月十日の毛の意見交換終了のあと、彭は周に第二回目の話をしたが、周は、毛主席は違う意見にも耳を傾ける印象を持っていたので、彭も毛主席と話した方が良いと言った。

彭は、うまく話せないかもしれない、まだよくまとまっていない考えもあり、西北組でも話していないし、話したものでも簡報に載らなかった。だから、手紙を書こうと思うと言った。

彭は七月十二日の午後、手紙を書くのも簡単ではない、やはり会って話した方が良いと感じ、七月十三日に毛の宿舎に出かけて行ったが、昼寝をしていて会えなかった。

そこで、彭徳懐は会議日程がさほど残っていないとも考え、手紙を書くことを決意した。十四日午後、手紙は毛に届けられた。毛沢東は七月十二日に元妻の賀子珍を宿舎に呼んでいた。それを紅青が聞きつけ、十二日の晩ヒステリーを起こし電話をかけて来て、十三日に彼女も廬山に来ると言った。毛沢東は十三日明け方まで寝れず、それから寝たので彭徳懐が訪ねたとき寝ていたとのことである。

彭徳懐にとっては、思いがけない事情で毛沢東に面会できたかも知れない貴重な機会を逃した。この朝が毛沢東と彭徳懐にとって、完全な決裂を回避する、あるいは和解できるたった一度のチャンスであったのは間違いない(15)。不運であった。

彭徳懐は、「意見書」として毛沢東により会議出席者に配布された手紙の中で、概略以下のことを述べた(16、資料2)。意見書は、

「今回の廬山会議は重要である。私は党西北局小組会議で何回か発言したが、小組会議で言い残した若干の意見を、参考のためにここに書き出した。ただ、私は張飛のように単純な男なので、粗雑になりがちである。そこで、ご考慮を煩わすだけの価値があるかどうかも判らない。妥当を欠くところなど、ご教示頂きたいと思う」と、きわめて低姿勢の言葉から始めている。

まず「一九五八年の大躍進の成果は疑うべくもない」と肯定し、

「一九五八年の基本建設は今から見ると、一部のプロジェクトが急ぎすぎかつ多すぎであり、資金を分散させ、完成させせねばならないプロジェクトを遅らせた。これは間違っている」

「したがって、一九六〇年の計画の割り振りは、実事求是と穏当確実の基礎に立って、真剣に考慮する必要がある。一九五八年と五九年上半期の一部の基本建設は、実際完成のしようがなく、一時停止という最大の決心をしなければならない。この面では、捨てるところがあってこそ得るところがあるのであり、さもなければ重大なバランス失調現象が長引くこととなり、あらゆる方面における受動的局面から脱却することは難しい」と記した。また、

「一九五八年の農村人民公社化は偉大な意義を持っている」と肯定し、

「我が国の農民を徹底的に貧困から脱却させるばかりでなく、共産主義に向かう社会主義の正しい道の建設を加速させるものである。所有制の問題で一時混乱があり、具体的工作の中で欠点や間違いが出現したものの、これはもちろん深刻な現象ではあるが、武昌、鄭州、上海の一連の会議を経て、すでに基本的に解決されている」

「一九五八年の大躍進の中で、失業問題が解決された。人口が多く経済が立ち遅れた我が国において、迅速な解決を得られたことは小さなことではない、大きなことである」

　全人民が鉄を作ることに関しては、

「小型の自家製高炉をたくさん作り、資源（物力、財力）と人力を浪費したことは、もちろんかなりな損失である。しかし、全国の地質についての大規模で初歩的全面調査が行われ、多くの技術者が養成され、広範な幹部がこの運動の中で鍛錬され資質を高めた。学費を払うことになったが、この面でも失うものと得るものがあった」

続けて彭徳懐は、工作中の経験と教訓をいかに総括するか、を述べた。

「私の見たところ、一九五八年の大躍進の中で出現した欠点と過ちの一部は避けられないものであった。我々の党が、この三十年来指導してきた各革命運動同様、偉大な成果の中には常に欠点があるものであり、これは一つの問題の両面なのである。

現在、建設工作の中で我々が直面している際立った矛盾は、バランスの失調により各方面に引き起こされた緊張である。その性質からいって、こうした状況が発展した結果、労働者と農民、都市の各階層間、農民の各階層間の関係にすでに影響が出ている。したがって政治問題であり、我々が今後、広範な民衆を動員して引き続き躍進を実現させるキーポイントに関連するものである。

これまでの一時期の工作の中で出現した欠点と過ちの原因は様々な方面にある。客観的要因としては、我々が社会主義建設工作に不案内であり、完璧な経験を持たないということだ。社会主義は計画を持ってバランスよく発展するという法則をよく理解しておらず、二本の脚で歩くという方針を各方面の実際の仕事の中で貫徹しきれなかった」

続いて彭徳懐は、イデオロギー方法と仕事のやり方の面で注意すべき問題を指摘し、それは主として「誇張の気風が普遍的にはびこっている」「小資産階級の熱狂性が我々に左の誤りを犯しやすくさせた」ことだと記述した。

彭徳懐のこの手紙は、才能をひけらかしたものでもなければ、思っていることを率直に述べたものでもないと言える。きわめて慎重に毛主導の政策を失敗と書かないように異常なまでに気を遣っている。欠点を述べるときはまず先に成果を述べ、欠点を述べるにも手加減し、その上繰り返し、三面紅旗を肯定している。

彭のように勇敢にものを言う人間ですらがこのありさまである。当時の政治的空気がいかに抑圧的であったかがうかがい知れる。

このような手紙であったが、毛は気に入らない点を後の講話で言及している。「失うものと得るものがあった」との記載が「失うもの」を先に書いていること、および、「小資産階級（プチブル）の熱狂性が我々に左の誤りを犯しやすくさせた」として「プチブルの熱狂性」なる用語を使っていることである。毛は彭の手紙を彭攻撃に利用した。

毛沢東は彭徳懐が私信として届けたつもりの手紙を「この手紙の性質を検討せねばならんな」と言い、意見書として会議参加者への配布を指示し、七月十六日夕方配布された(17)。この意見書には支持する者が多かった。胡喬木、周小舟、李鋭は強く支持した。

毛沢東は、劉少奇、周恩来、楊尚昆に山に来るように手紙を書いた。同時に、林彪、彭真、陳毅らが山に入った。また黄克誠（党中央書記処書記、人民解放軍総参謀長）を呼び寄せた。毛は彭を攻めるとき、黄が北京に残っているのは危険と感じ、懸念を払拭するために手を打ったと考えられている(18)。

七月十七日夕刻、毛沢東は、周小舟、周恵、李鋭、胡喬木、田家英らを呼び寄せた。

『意見書』をめぐる戦いは熾烈《しれつ》になっていた。華東グループの会合では、柯慶施が彭徳懐批判を強めていた[19]。

手紙の写しが配布された後、毛は政治局常務委員の面々に対し、「すでに党外の右派分子が大躍進を批判しているが、いまや党内の一部分子まで大躍進は得より害が大きいと言って批判している」と述べた。小グループの会議にも写しは配布されたが、彭の所見にあえて同意しようとする者はほとんどいなかった。

七月十九日に、総参謀長であり彭の親友でもある黄克誠が書簡支持を表明し、湖南省党地方委員会第一書記の周小舟がそれに続いた。

七月二十一日になると、外務省次官の張聞天（長征のときに党総書記を務めていた中央政治局候補委員）が、毛の指導性と大躍進に関してもろもろの問題点を指摘し、三時間にわたり驚くべき長広舌の攻撃を行い、彭徳懐を擁護した[20]。

こうして、彭に加えて、張聞天、黄克誠、周小舟の四人が批判の対象となった。

七月十八日午後、中央政治局会議が開催され、彭真が主宰した。毛沢東は出席せず、劉少奇、周恩来、朱徳、林彪、林伯渠、劉伯承、賀龍、李先念、李富春、彭徳懐、柯慶施、李井泉、譚震林が出席した。五九年七月からの廬山会議議定記録が論議された。

この日の深夜、劉少奇は毛沢東からの呼び出しを受けた。そこで毛沢東は自ら彭徳懐批判を発動すると述べた。劉少奇は即座に支持を表明した。その場にいた周恩来は、一時思い迷ったが、やはり支持を表明した[21]。

七月二十三日に毛沢東は長い講話[22]を行った。この講話はその後の廬山会議を方向づけたと考えられており、きわめて重要な講話である。

毛はこの講話で大躍進の失政批判の高まりを抑え、自己の党内統制力を維持強化する意図をもって行ったと考えられる。毛沢東の講話は、譬《たと》えや引用を多用し、真意を直截《ちょくせつ》に述べていないので分かりにくいが、やや荒っぽい言いぶりは怒気を含んでいることが感じられるので、当事者にはきわめて強く攻撃的に伝わったと思われる。

以下、講話のポイントを抜粋する。

「私は、同志諸君の記録・発言・文献に目を通し、一部の同志と話して、二つの傾向があることを感じた」

「その一つは、触るのさえ憚《はばか》られる。つまり『一触即発』の凄い剣幕だ」

そして、

「耳障りな話は聞きたがらず、耳当たりの良い話ばかり聞きたがって、悪口を耳にしたがらないということである」

「両極は対立し、正しいものと正しくないものは対立する」

「これまでのところは、揃いもそろって、言いたい放題のことを言っている」

「在席の諸君は、みんな耳があるのだから聞けるはずである。耳障りな話だが、聞いてやろう。

そう考えれば、気にもなるまい」

「我々は、大衆から遊離しているというが、大衆はやはり我々を支持している。大衆と離れていたのは、私の見るところ暫《しばら》くの間だけ、せいぜい二、三か月か、立春前後までである。そして、いま、大衆と我々の間は大変にうまく行っていると思う」

「人民の少なくとも三十パーセントは積極分子であり、彼らは小資産階級ではない。貧農であり、下層中農であり、無産階級であり、半無産階級である」

「『共産風』には小資産階級の熱狂性がある。これは、一体どんな連中か。主として県・公社級の幹部で、特に公社の一部の幹部は生産隊と小隊に影響を与えた。これは良くないことである」

「いやなことに耳を塞ぐようでは、駄目である。聞く習慣を養わねばならない。私は、青年時代から壮年時代にかけて、腹に据えかねるような悪口を聞いてきたが、相手が私に何か仕掛けない限り、私は相手に何もしなかったし、相手が私に何か仕掛ければ、私は必ず仕返しした」

「いまでは、聞くことを覚えた。一週間でも二週間でも聞き続け、その後に反撃するのである。同志諸君にもよく聞くよう忠告する。諸君が賛成するかしないかは、諸君の勝手で、諸君が賛成せず、私が間違っていたら、私は自己批判しよう」

「私は、一部の同志に、こうした差し迫ったときに動揺しないよう、忠告する。若干の動揺があると、肝心なときに動揺し、歴史的な大波浪の中で持ち堪えられなくなってしまう。

史上には、四つの路線、すなわち陳独秀路線、李立三路線、王明路線、高崗・饒漱石路線があり、そして今また、総路線である。足下が怪しくなると、じっとしていられないくらい心配し国を上手にやって行こうとする。これは何階級と言うべきか。資産階級か小資産階級か」

「一九五六、五七年の冒進反対は、資産階級のお寒い惨めな消極性・悲観性だということになる。あのとき冒進に反対した人は、今度は確《しっか》りと落ち着いている。あのとき反冒進を批判した一部の者が、今度は、彼らにとって替わっている」

「『失ったものもあれば得たものもある』と言って『得』を後に置くとはよく考えたものだ」

「一つ一つの誤りをいちいち新聞に載せていたら、国は滅んでしまう。亡ぶべきだとしたら、私は立ち去る。農村へ出かけ、農民を率いて政府をひっくり返してやる。君ら解放軍がついてこないというなら、私は紅軍を探しに行くが、解放軍は私と一緒に行ってくれるだろう」

「一部の同志に、どちらを向いて話をするか、という問題に注意するよう忠告しておきたい」

「他人に確固不抜を要求するのには、まず自分が確固不抜でなければならない」

「私の話が、これらの同志に有益か有害かということは考えない。有害であっても話さねばならないことは話す。我々はマルクス主義政党なのだから、両者が相手の言い分を聞かねばならない」

「私は急いで発言しようとせず、じっと我慢してきた。何故、今我慢できなくなったかと言えば、もう二十日も我慢してきて、月末になり間もなく閉会しそうになったからである」

「公共食堂は、良いもので、無闇に咎《とが》めだてするのは良くない。私は、積極的に進め、自発的に参加し、食糧が戸ごとにゆきわたり、節約の結果が自分に返ってくることに賛成である。公共食堂は、もっと多くして良い。一年でも二年でもやってみれば、成功かどうか分かるだろう。人民公社は、投げ出すことはできない」

「私には二つの罪がある。一つは、大掛かりな鉄鋼生産運動をやって、一〇七〇万トンの鉄鋼を造らせたことである。諸君も賛成したのだから、一分の責任はとってもらうが、『初めて俑を作りし者』は、私なのだから逃げることはできない。主な責任は私にある。なにしろ、人民公社には全世界が反対し、ソ連までが反対している」

「もう一つは総路線である。これが失敗なのか成功なのかについては諸君も分かれている」

「私は、鉄鋼一〇七〇万トン、九〇〇〇万人の出陣という大騒ぎを引き起こしたのだから、自分で責任を負う。同志諸君、諸君も自分の責任を分析し、糞でも屁でも洗いざらい出してしまい給《たま》え。そうすれば腹の中がさっぱりする」

彭徳懐の意見書にあり、毛沢東が引っ掛かった「小資産階級（プチブル）の熱狂」「失ったものもあれば得たものもある」といった言葉を引用しつつ、大躍進政策で問題ありと指摘された事項に対する毛の見解を示し、「自分も責任を負うが皆も自己分析して負うべき責任を負え」と要求した。

この講話を聴いている間、聴講者の緊張感が高まり、毛の決然たる意向を感じたと言われる。

過去の事件の引用では、反冒進の文脈で周恩来が引き合いに出され、彭徳懐の意見書から毛の気に入らなかったポイントが披瀝《ひれき》されている。

講話が終了したとき、毛が玄関を出るのを追って、彭徳懐は、

「主席、私があなたに出した手紙を、あなたはどうして大会に回したのだ？」

（毛）「いいことじゃないか、みんなに見てもらうのだ」

（彭）「このようなやり方には同意できない」「私はあなたに直接会って話したいと前から考えていた」といったやり取りのあと、毛沢東は振り向いて一瞥した。その眼光はぞっとする冷たさを感じさせるものであった(23)。

この毛沢東講話以降、毛の作戦通り、事態は「彭徳懐とその一味の徹底批判」に向かって進んだ。日程を追いながらその後の事態の推移を記載する。

彭徳懐は、七月二十三日一日中、非常に苦しんだ。

「毛主席の演説を聞いたときの私の重苦しい心情は、とても言葉では形容できない。宿泊所に帰ってから、私は毛主席の演説を繰り返し考え、さらに主観的願望と動機を思いはかってみたが、どうしても納得がいかなかった。当時（主席に対する）不満の気持ちは非常に大きいものであった(24)」。

二十三日夕刻、李鋭は周小舟、周恵に会うと黄克誠のところへ行こうと言って黄の部屋を訪ね、批判的言辞を交わした。ここに彭徳懐もやって来た。同時に毛の信頼する人物（誰か不明）

にも出くわし、その人物は集会していたメンバーについて早速毛沢東にご注進に及んだ(25)。二十四日の午前、聶栄臻《じょうえいしん》と葉剣英の二人の元帥が彭徳懐を訪ねて来た。そして、「手紙のことは切り離して、全局の利益を考えて自己批判してくれ」と説かれた(26)。

そして二十六日、彭はグループ会議で自己批判した。

同二十六日夕刻、彭徳懐は、毛沢東から毛が宿所としていた美廬に呼ばれた。劉少奇、周恩来、朱徳、林彪がいた。中央政治局常務委員全員がそろった。

ここで毛は、一九三五年五月の会理会議のことを取り上げ、彭徳懐が林彪をそそのかして中央軍事委員会に手紙を書かせ、毛沢東、朱徳、周恩来を前敵指揮から降ろし、彭徳懐がその任に当たるよう要求したと指弾するものであった。

このとき林彪は、

「あの書簡と彭徳懐同志とは関係がない。私があの書簡を書いたことは、彭徳懐同志の知らないことだ」ときっぱり説明したと言われるが、その後も毛は会理会議のことを繰り返し述べ、彭徳懐を責めたと言われる。

彭徳懐にそのような目論見がなかったにもかかわらず、毛はお気に入りの林彪がそのようなことを言うとは考えられないと思い込み、毛は彭が自らの指揮権を侵害しようとしたと考えたのであろう。毛の自己判断（誤っていたとしても）への自信と執念深さを示すものである。

また、毛沢東は劉少奇と楊尚昆から中央軍事委員会宛の電報（遵義会議のとき、劉が第三軍団で仕事をすることになったと紹介されたとき、彭が当該軍団の動揺状況を話し、根拠地なしに作戦していることの問題点を述べた。そのことが書かれていたものと推定される）も持ち出し、中央根拠地を失ったことに不満を持った右傾の気持ちの反映である、と批判した。

この席で、彭徳懐は毛に向かって暴言を吐いた。

「延安であなたは私を四十日間罵《ののし》ったのに、私があなたを二十日間罵るのはいけないかね」と言ったとされる。(27)

二十七日午前、劉少奇は協作区主任会議を主宰し、

「彭、黄、張、周の反党集団を引き続き批判すること、彭徳懐同志は毛主席に対し、三分協力七分非協力でやってきており、彭徳懐同志の歴史上の過ちと結びつけて批判せねばならない。境界をはっきりするのは単に事柄に対してだけでなく、人物に対してだ」との毛の重要指示を伝達した。

同時に、中央警備局首脳と江西接待委員会・警備担当幹部より、各首長の警備責任者に彭徳懐ら反党メンバーの廬山からの移動禁止を指示した。(28)

二十八日、劉少奇は協作区主任会議で各グループの彭批判の状況を聴取した。そして毛の意見に基づき、グループを三グループに再編成して、彭、張、黄ら反党グループメンバーを批判させた。

二十八日午後、毛沢東は八月二日に中共中央八期八中全会を開催すると緊急発信した。

二十九日、彭は自己批判の文書を作成した。

三十日、毛沢東は、周小舟、李鋭、周恵、黄克誠を集めた。三資料（フルシチョフ、ダレスの中国の人民公社への否定的見方を記した資料と推定される）が毛の指示で中央弁交室から送られた。彭・黄・張・周集団が国際的・反動的な逆流に迎合している、と暗に批判する意図を持っていたものと考えられる(29)。

三十一日に毛沢東は全体会議で講話を行い、彭徳懐の過ちは、ブルジョア思想か、あるいはブルジョア封建主義の混合物である、と述べ、再び彭徳懐批判を展開した(30)。

三十一日、八月一日の両日、毛沢東主宰で政治局常務委員会が開かれた。参加したのは劉少奇、周恩来、朱徳、林彪、彭徳懐、彭真、賀龍らであった。

議題は彭徳懐批判であり、彭の過ちを決定した。毛が一人で話し、他の幹部はときどき唱和した。中では林彪が最も厳しい発言をした。

「今回おまえは人を集めて勢力を張ろうとした。野心家で、陰謀家で、偽君子」とレッテルを貼った。さらに毛は、長沙、南昌、吉安、贛州での戦いについて話し、李立三、王明に従ったことを持ち出し、高驍事件でも大きな過ちを犯した、と過去の不満をぶつけ、

「私と君の関係は協力三分の非協力七分。こんな割合だ。三十一年間ずっとこうじゃなかったかね？」と述べた。そして、

「どうやら私はもう一度井崗山に登るほかないようだな」と周囲の幹部を恫喝《どうかつ》した。

劉少奇、周恩来、朱徳らは、毛の意思が動かしがたいことを知り、「彭徳懐らは右翼日和見主義分子で党に攻撃を仕掛けた」に同調する他はなかった。

これに対し、彭徳懐は、いくつか釈明の弁を述べ、「私と主席の関係は五分五分だ」と言った。そして「三分七分」「五分五分」の言い合いがあったと言われる。[31]

劉少奇も周恩来も彭批判を行った。この日廬山に登ってきた八期八中全会の参加する中央委員と候補委員たちに状況説明が行われたが、この会議は劉が主宰し周が詳細説明する形で行われ、彭批判を展開した。

二日、廬山人民劇場で中共八期八中全会を開催した。

開幕時、毛沢東は、全党を挙げて右翼的日和見主義の狂気じみた進攻に反対する、「党の団結をとるか、分裂をとるかだ」と、短いが鮮明で断固とした講話を行った。「対応を要する危険」として、世界大戦、党の分裂を述べ、「現在ある種の分裂傾向が認められる」と述べ、張聞天批判と軍事倶楽部のレッテルも述べた。[32]

第八期中央委員会第八回全体会議にて、彭徳懐が自己批判の発言を行った。[33]少し長くなるが抜粋する。

彭徳懐は、まず、歴史的に犯した何回かの路線の誤りを述べた。

第二次国内革命戦争期に、中国革命戦争は共産党の指導する農民戦争であり、農民根拠地を打ち立て、農村で都市を包囲し、最後に都市を占拠するとの思想を理解していなかった。旧軍隊からの単純な軍事的観点を持ち込み、軍隊の作戦は、主として都市を攻略することである、と考えていた。それゆえに、左傾機会主義の誤った路線を簡単に受け入れてしまった、とし、李立三路線の時期に長沙占領作戦を実行したが、これは軍事的には勝利であったが政治的には誤りであった。

第一次王明路線の時期には、贛州を攻撃するとの誤った決定を実行した。そして毛沢東が漢口会議で江西省東北部に発展するとの提案に反対した。そして、毛沢東同志に対して喧嘩腰の態度をとった点で特に間違っていた。

その後、毛沢東同志に対する極端に間違った個人的な偏見を持つようになった。抗日戦のときは、毛沢東同志が洛川会議で提出した正しい路線と綱領に反対で、貫徹する努力を行わなかった。一九三〇年十月の軍事委員会分会決議で、私は、「基本的には遊撃戦であるが、有利な条件下での運動戦もゆるがせにしてはならない」という間違った作戦方針を提出した。王明路線のときも間違った綱領を受け入れた。

一九四〇年の百団大戦は、組織の点からいえば、中央の許可を求めることなく、私が勝手に決定を下したことで、重大な無組織・無規律の行為があり、政治的にも誤りがあった。『新民主主義論』の出版後、私は誤ってルソーが主張した全人民の政治を宣伝した。これもまた、階級的観点を曖昧にさせ、思想戦線を混乱させたもう一つの現れである。

次に、右傾主義の誤りについて検査する。廬山会議小組会議で、特に七月十四日に書いた毛沢東同志あての書簡で、私は、一連の右傾機会主義についての誤った言論を発表した。党の社会主義建設の総路線を攻撃し、同時に党中央と毛沢東同志の威信を傷付けた。一種の罪悪であったと理解している。

同志がこの手紙の右傾機会主義の観点を徹底的に暴露し、批判した。このことは非常に正しいことであり、必要なことである、と考えている。私の右傾の観点は、党に指導された広範な大衆の高い情熱を「小資産家的熱狂性」といったことの中に、主として表れている。人民公社化運動は、北戴河会議で、毛沢東同志により提案され、決定され、拡められた。私は、消極的見方を抱き、早すぎると考えた。均衡の失調、およびそこから生まれた局部的で一時的な緊張は、すでに次第に緩和していたにもかかわらず、階級関係の緊急性を引き起こした、と説明した。最も大きな誤りは、暗に中傷するやり方であり、毛沢東同志を攻撃し、その高い権威を傷付け、党内での思想の混乱を引き起こし、党の団結を破壊したことである。

今度の誤りの厳重な点は、私個人がたまたま犯した誤りというものではなく、準備され、組織された行動であったことにある。毛沢東同志が指摘されたように、「軍事倶楽部」がこの攻撃を発動した「司令部」であった。このことの具体的な事実は、私と張聞天・黄克誠・周小舟・その他の同志との関係の中に、象徴的に現れている。

ここでこれら同志との関係について簡単に説明する。張聞天とはいろいろなことで意見が一致した。張聞天は、「廬山会議の圧力が大きいので、誰も良いことしか語らず、悪いことを述べることはできない」などと述べ、「毛沢東同志は非常に英明であり、人を粛清するのに非常に過酷で、晩年のスターリンと同じである」と言った。当時、彭も同調的な態度をとり、歴代王朝の最初の皇帝も常に過酷であり英明である、と述べた。

張聞天同志と私は、右傾思想を抱いていたこと、および二人は心の中では、毛沢東同志に対し偏見と不満を抱いていた。このことが我々に一緒に党をも攻撃させることになってしまった。我々二人が、同じような考えをもって、互いに配合していたことは非常に明らかである。

黄克誠同志とは長い間交際があった。我々は工作上しばしば接触した。上海会議後、私は彼に、毛沢東同志は、会議で主として私を批判した、と述べた。また、毛沢東同志が話している統帥の問題について、私は、問題は現在からではなく一九四二年の整風運動から考慮に入れるべきであり、また党委員会の同志がどのように見ているかは知らない、と述べた。

今から見れば、私は、毛沢東同志に対して偏見を抱いていたため、毛沢東同志が責任を転嫁させようとしているものと疑い、毛沢東同志の言葉を曲解していた。また、私が東ヨーロッパから帰って、諸国の状況や国内の状況（特に甘粛省の状態が深刻であること）などを二人で話した。過去から話し合っていたので、二人とも、大躍進と人民公社に対する誤った見解を主張したことは、偶然ではない。

以上のように、この彭徳懐の自己批判は、不必要と思われることまで述べ、毛の処断をあえて正当化しており、全面的に敗北を認めたものであった。

八月三日～十日は、各グループが三つの批判グループに再構成された。李井泉のグループは彭徳懐を、張徳生のグループは黄克誠を、柯慶施のグループは張聞天と周小舟を担当した。

このグループでの包囲攻撃の激しさ、厳しさは文化大革命中の批判闘争大会にも劣らなかった。彭徳懐は、

「私が野心家で毛沢東を追い落としたがったと言うのを聞きたいのだろうが、そんなことは言えない」

「私には弁護の法律家もいない、君たちはまるで法廷の裁判官のようだ」と述べた。

批判会では、さらに「軍事倶楽部」や「スターリン晩年」問題が追及された(34)。第一（李井泉）グループの批判闘争会の主宰者は劉少奇であり、隣に林彪がいたことが写真に残っている(35)。

八月十一日、毛沢東は演説し、彭徳懐を名指しで非難した。

「君は華北で私が四十日間君をこき下ろしたと言った。ここ廬山で君は私を二十日間しかやっつけていない。私にはまだ二十日分の借りがあるということだ。今日までで四十日だからあと五日上乗せしようじゃないか。そうすれば、君は思う存分我々を侮辱することができる」とこき下ろし、「ブルジョア民主主義者」と揶揄《やゆ》した(36)。

八月十三日から十五日まで、連続三日間の全体会議で、彭、黄、張、周は自己批判を行った。皆が批判し、雰囲気はますます激化した。

会議は間もなく終わろうとしている。この日の午後、西レストランで中央政治局、書記処お

よび関係中央部門の指導者を宴会に招待していた。彭徳懐も招待されていたが、出席しなかった[37]。

その日の晩、毛の招きに応じて、彭徳懐は美廬を訪ねた。

「彭さん、決議案の草稿は見たかね？　内容はどうか？」

「主席、他のことは言わんでください。この彭徳懐はあなたの一生にずっとついてきました。失脚するとしても自ら求めたものです」

「この彭徳懐は今日あなたに三か条をお約束します。いかなる情況下にあっても反革命はしない。自殺はしない。労働をし、自分で食べて行きます」

こうした会話の後、湖南肉の燻製で晩飯を差し向かいで食べた[38]。

そして、全体会議として「彭徳懐を頭とする反党集団に関する決議（抜粋）」が八月十六日に採択された[39]。抜粋をさらに抜粋する。この決議は五項目に分けて記載されている（この決議は、一九六二年まで公表されなかった。このことにもこの決議の取り扱いの微妙さが現れている）。

（１）一九五九年七月、党中央が廬山で政治局拡大会議を開く前から、廬山会議の一時期にかけ、彭徳懐を頭とし、黄克誠、張聞天、周小舟などを含む少数の右翼日和見主義反党集団によって、党の総路線・大躍進・人民公社に対する気違いじみた攻撃が行われた。彭徳懐を頭とする右翼日和見主義反党集団の活動を断固として粉砕することが、党の総路線を守るために、必要なことである。

（2）彭徳懐が廬山会議の初め、すなわち、一九五九年七月十四日に毛沢東同志に宛てた意見書、及び廬山会議の全期間を通じて彼が行った何回かの発言と談話は、右翼日和見主義分子を代表して党を攻撃するための綱領であった。

それらは、上辺は総路線の擁護、毛沢東同志の擁護を装っているが、実質的には、党内の右翼思想を持つ分子、党に不満を持つ分子、党内に紛れ込んだ投機分子、および階級的異分子を煽《あお》り立て、党の総路線に対して気違いじみた攻撃を行った。

彭徳懐は、実質的には総路線の勝利を否定し、国民経済の急速な発展に反対し、農業戦線における多収穫増産運動に反対し、中央の製鋼・製鉄運動に反対し、社会主義建設事業に対する党の領導、すなわち「政治による統帥」に反対した。彼が犯した誤りは、個人的性格の誤りではなく、反党・反人民・反社会主義の性格を帯びた右翼日和見主義路線の誤りである。

（3）彭徳懐を頭とする反党集団の活動は、高崗・饒漱石反党同盟事件の延長であり、発展である。彭徳懐と黄克誠は、早くから高崗と反党同盟を結んでいた。張聞天も高崗の活動に参加していた。彭徳懐は、彼の共謀者・追従者と共に、党と毛沢東同志を攻撃する適当な機会をうかがっていた。この偽君子・野心家・陰謀家の正体を暴露し、彼の反党分裂活動を制止することは重要な任務である。

（4）彭徳懐は、党の歴史の上での幾つかの大切な時期に、例えば、李立三路線の時期、（第一次および第二次）王明路線の時期、高・饒反党同盟事件の時期において、常に誤った路線の側に立ち、毛沢東同志に代表される正しい路線に反対してきた。

（5）党は断固として厳粛な態度で、彭徳懐を頭とする右翼日和見主義反党集団の活動を完全に粉砕しなければならない、と第八期中央委員会第八回全体会議は考える。彭徳懐及び黄克誠・張聞天・周小舟などを国防・外交・党省委員会第一書記の職務から離れさせることは、全く必要なことである。しかし、彼らの中央委員会委員・中央委員会委員候補・中央政治局委員・政治局委員候補の職務は、これまで通り保留して、彼らの今後の態度を観察することにする。

すなわち、彭徳懐は国防相を解任されることとなった。上記のように一時的に政治局員に留まったが、国防相の地位を失い、故郷で魚を育て野菜を作る境涯に追いやられた。その後、きわめて低い地位の公職に就くが、彭徳懐にとっては屈辱でしかなかった。

張聞天は華東グループで自己批判した。黄克誠、周小舟、李鋭、周恵それぞれも、グループ会議で自己批判した。李鋭も毛沢東に手紙を書き、自分の立場を説明している。

劉少奇は、毛講話以降態度を変え、彭徳懐を激しく非難した。彭徳懐が『東方紅』を歌うことに反対であり、個人崇拝に反対し党規約に毛沢東思想を盛り込むことに反対したと暴露した。

林彪も激しい彭批判を行った。劉少奇と林彪は毛のゴマスリ競争を展開した[40]。

廬山会議に続いて、五九年八月十八日、北京で中央軍事委員会拡大会議が開かれ、大軍区指導者は一人を除いて全員が参加した。総勢一〇七〇人の空前規模の会議であった。

前半の十日間、廬山会議の状況が伝達され、二十九日から彭徳懐と黄克誠が加わって審議が行われた。ここで林彪は、気違いのようになって、彭徳懐を「ニセ君主」「陰謀家」「野心家」「ブルジョア階級民主派」「民主革命の同行者」「社会主義革命の反動派」「党内に入り込んだ投機分子」と罵詈雑言を浴びせ、特に彭徳懐が「ソ連と内通」し「軍事倶楽部を組織」して党を分裂させ、「毛主席の下野を画策した」と執拗に追及した[41]。

林彪は彭徳懐に代わり国防相になった。同じく彭を強く批判した賀龍、羅瑞卿らが昇進した。上司の周小舟を文書で非難した華国鋒も、以降毛沢東から信頼され重用されるようになった。周恩来は毛に迎合した。

廬山会議後、全国的に「反右傾闘争」が展開され、三六五万人が「右派日和見主義者」として処分された[42]。

反右派闘争により、大躍進の生産活動は一層低下し、一九五九年餓死者が続出した。六〇年には死者は最高に達し、六一年にも死者は続いた。毛沢東は、一九六〇年末に大躍進停止の命令を出さざるを得なくなった。毛はようやく口を開き、

「廬山会議以降の我々の誤りは、彭黄張周に関する決議を県以下にまで伝えたことだ。広く伝

えた結果、多くの本来そうでない人まで右翼日和見分子にしてしまった。良い人間、本当のことを話す人間を右翼日和見分子、さらには反革命分子にしてしまった」と反省の弁を述べた[43]。

盧山会議閉会後、王参謀の訪問を受けた彭徳懐は、

「決議はもう採択されて、動かしがたいものになった。反党集団と呼ばれても構わん。右傾日和見主義でもいい。私は自分が砕かれようとも、我々の国家が正しい道を見つけることを望んでいるのだ。大衆の積極性を発動し、建設を進めよう」と語った[44]。

『彭徳懐自述』の巻末に、盧山会議終了後の八月十六日に故郷に一度帰った彭徳懐の落胆した様子を、彭鋼氏が「伯父・彭徳懐をおもう」で描写している。言葉少なに帰郷し、重圧に耐えて、沈痛な姿で思索に没入している姿が描かれている。

3　盧山会議後〜文化大革命

盧山会議後の九月七日、彭は毛にへりくだった手紙を書いた。

「三十年来、私はあなたの訓育、あなたの忍耐に値しない人間だということを示して来たのですが、いま私は後悔の念に打ち沈み、言葉にしがたいほど思いまどっている姿をあなたのお目にかけているのです」

「自分の誤りを徹底的に反省して自分を改造して、再び党および人民に危害を与えないために、

北京を離れて人民公社に行き人民公社の集団生活の中で自己を鍛え直し、イデオロギー的に自己を鍛えなおしたい」と申し出た。

これに対し、毛は、

「高齢であるから、肉体労働に参加する必要はなく、毎年何回か工場や農村に出かけて視察・調査を行うのが良い」と答えた(45)。

呉晗《ごかん》が世評を賑わせた論文『海瑞、皇帝を罵る』を発表したのは、廬山会議直前の五九年六月十六日のことである。しいたげられた農民の訴えをとらえて嘉靖皇帝に対し、あえてその非を訴えた、廉潔にして勇気ある明の高官、海瑞のおもかげに誰もが彭徳懐のイメージを重ね合わせることができたに違いない。

五九年八月十八日からは、林彪主宰にて北京で中央軍事委員会拡大会議が開かれ、彭徳懐は林彪から執拗な追及にあった(41)。

彭徳懐は、六〇年から六一年にかけて国内を旅行し、毛沢東指導部に挑戦する五つの「実地調査報告」を書いた。

六一年十一月、彭真は、北京市の党書記処に対し、五八年以来の各分野における公文書の検討を命じ、中央の正式討議にかけられずに個人の指令でなされた政策の点検を指示した（これは毛沢東路線、なかんずく大躍進政策を批判しようとするものであった）。一九五九～六二年の間、大躍進政策の失敗による食糧不足に水害や干ばつも発生し、数千万人の中国人が餓死したといわれている。[42]

六二年一月、中央各部門の責任者、各中央局、省、市の書記に至るまで、七〇〇〇人の幹部を集めて、党中央拡大会議が開かれた。のちに「七〇〇〇人会議」と呼ばれるこの会議の狙いは、毛沢東の「三面紅旗」政策を批判し、新しい政策の定着を求め、彭徳懐ら毛沢東を批判して追放された人たちの名誉を回復することにあった。

この会議を主宰した劉少奇は、大躍進政策を批判した。そして、毛沢東路線を批判したが、毛沢東その人を否定しなかった。

周恩来と林彪が毛を擁護した。しかし、この会議は毛沢東と劉少奇の路線対立をはっきりさせ、文化大革命での激しい劉少奇批判の大きな要因となる。

七〇〇〇人会議の後、六二年六月、彭徳懐は八万二〇〇〇字からなる書簡（八万言書）を、冤罪《えんざい》の撤回・名誉回復の要求書として党中央に提出した。

また、同年八月の北戴河会議直後に、再び毛と党中央に書簡をしたため、反党グループによる党の乗っ取りや外国人と組んでの中国における転覆活動などが事実無根であることを重ねて言明した。[46]

しかし、毛は巻き返しを図る右派だと言って切り捨てた。[47] そして、同年九月二十四～二十七日まで開かれた党八期十中全会は、最終的に彭追放の有効性を確認した。さらに中央政治局委員も解任され、六五年九月、毛沢東の命により西南三線建設副指揮として、同十一月には四川省・成都に赴任することになった。

同年十一月、上海で姚文元は評論「新編歴史劇『海瑞罷官』を評す」を発表し、これが文化大革命の導火線になった。

呉晗が書いた京劇『海瑞罷官』は、明代の官僚海瑞が皇帝を批判したために免官され投獄された故事を題材としていたが、姚文元はこれにはよこしまな意図があり、彭徳懐の名誉回復を目論んだものと指摘した。(48)

六二年の北戴河会議では、毛は「階級闘争」を持ち出した。そして、「階級闘争は毎年、毎月唱えよう」とのスローガンを打ち出した。

毛は「党内の走資派」（資本主義の道を歩む実権派）に狙いを定めた政治闘争の展開に向かって行った。毛は劉少奇指揮下の中央が、経済から政治、内政から外交に至るまで、いずれも自分の路線から逸脱しつつあると感じていた。

一九六二年九月の八期十中全会で階級闘争の必要性を持ち出し、

「……社会主義の改造を受けていない一部の者がいる。彼らは社会主義の道を離れ、資本主義の道を走ろうと企む」と述べた。(49)後に明らかになるが、具体的には走資派ＮＯ．１は劉少奇であり、ＮＯ．２は鄧小平であった。

一九六六年八月八日、中共中央は「文革」の爆発を促す綱領を批准した。四人組が登場し、全国が「文革」運動の坩堝《るつぼ》となった。(50)

劉少奇は一九六六年降格され、六七年から公然と批判され、軟禁状態に置かれて病気の手当ても受けることができないまま、六九年十一月死去した。

彭徳懐と毛沢東が一九六五年九月に面会した記録が残っている。

ここで、毛は過去を振り返り（李立三路線のとき、反革命富田事件、張国燾への対処、解放戦争の西北地区での成果）、彭の功績を讃えた。そして、西南地区は戦略的後方基地として重要で、そこで仕事をしてほしい、と述べた[51]。

彭は、「農村で調査したい」として当初西南行に辞退の意向を示したが、毛の「これは国家戦略であり、党の政策である」との言葉に同意して引き受けている[52]。

彭徳懐は、一九六六年に紅衛兵により成都から北京に連行され、一九六七年七月、北京航空学院の大教室に護送されて来た。

百団大戦について責められた彭徳懐が反論し、その結果、殴り倒され、ごろごろ転がされて昏倒した。彭の後ろ首をつかんで罵りながら、頭を何度も机の角に打ちつける者もいた。

また、北京航空学院の南側運動場で、彭徳懐と張聞天を批判する十万人批判闘争会が開かれ、負傷の癒えていない彭徳懐は繰り返し暴力を受け、その上長い札を襟足に入れられて人混みの中を無理やり歩かされ、さらし者にされた。

彭徳懐は暴力を受けたとき肋骨《ろっこつ》を折り、後遺症で半身不随となった。その後は紅青の医療服従専案での監視下に置かれ、軟禁状態で約八年間を過ごした。

この頃彭徳懐が書いた文章に次のような一節がある。「それでもなお、私は首《こうべ》を上げ、一〇〇回も叫ぼう。私の良心にやましいところはない！　と」[53]

一九七一年の林彪事件の後、七三年春ようやく入院したが、過酷な状況に置かれた。下血と血便にまみれた状態のままのベッドとシーツに何日も放置されるなど、拷問に近いものであった。

病室の出入り口には看守が立ち、扉や窓は固く閉じられ、さらにガラスには新聞紙が貼られて、屋内からは一筋の自然光も見ることはできなかった。

ベルトも時計も取り上げられ、ペンも与えられず、ラジオも壊され、大変な苦しみの中で[54]、ついに七四年十一月、直腸がんで北京市で死去した。遺体を見送りたいとの姪たちの希望もはねつけられたと記されている[55]。火葬の後、故郷と異なる四川省・成都の一般墓地に葬られた。享年七十六歳であった。江青ら四人組の冷酷な所業に憤慨を覚える。

毛沢東死後の七八年十二月十八日から二十二日まで開催された中共第十一期中央委員会第三回前提会議で、鄧小平は政治権力を掌握した。そして、彭徳懐の名誉回復を実現した。同二十四日追悼会が挙行された。

後に、鄧小平が指揮する時代になっていた一九八一年に、共産党発足六十周年を機に中央委員会名で作成・発表された「建国以来の党の若干の歴史的問題に関する決議」において、「廬山会議の後期になると、毛沢東同志は彭徳懐同志に対する批判を起こし、さらには全党で

『右翼的偏向反対』の闘争を繰り広げるという誤りを犯した。『彭徳懐、黄克誠、張聞天、周小舟らの反党集団』に関する八期八中全会の決議は完全に誤ったものであった」との総括が為された。(56)

【注】

(1)「チャイナ・ラビリンス(89)中央政治局会議のあれこれと彭徳懐の『万言書』」高橋博、東亜(531)、二〇一一年九月、九十四〜一〇三頁
(2)『毛沢東の大飢饉』フランク・ディケーター著(中川治子訳)、草思社、二〇一一年、三十〜四十頁
(3)『毛沢東　大躍進秘録』楊継縄著(伊藤正、田口佐紀子、多田麻美訳)、文藝春秋、二〇一二年、二四八〜二四九頁、二五五〜二五六頁
(4)「中国共産党党内闘争史-14-(補)彭徳懐と毛沢東」現代の理論23(7)、海江田万里、一九八六年七月、八十一頁
(5)同右、八十四頁
(6)『現代中国の軍事指導者』平松茂雄著、勁草書房、二〇〇二年、一六一頁
(7)「廬山の詩—彭徳懐の悲劇」川上周、朝日アジアレビュー8(1)、一九七七年春、一七〇〜一九〇頁、二五二頁
(8)前出、『毛沢東　大躍進秘録』二五〇〜二五一頁
(9)『廬山会議—中国の運命を定めた日』蘇暁康、羅時叙、陳政著、毎日新聞社、一九九二年、九十三頁
(10)同右、九十六〜九十七頁

(11)　前出、『毛沢東　大躍進秘録』二五三頁
(12)　『資料大系アジア・アフリカ国際関係政治社会史　第二巻　第2分冊g（アジア2g）』「中国国防部長彭徳懐の廬山会議西北小組会議の発言」浦野起央編、パピルス出版、一九九七年、三七六一〜三七六三頁
(13)　前出、『毛沢東　大躍進秘録』二五七〜二五九頁
(14)　前出、『廬山会議―中国の運命を定めた日』一四一〜一四三頁
(15)　同右、一六〇頁
(16)　『資料大系アジア・アフリカ国際関係政治社会史　第二巻　第2分冊g（アジア2g）』「中国国防部長彭徳懐の共産党中央政治局廬山会議の意見書」浦野起央編、パピルス出版、一九九七年、三七六四〜三七六八頁
(17)　前出、『廬山会議―中国の運命を定めた日』一六八〜一六九頁
(18)　前出、『毛沢東　大躍進秘録』二六二頁
(19)　「廬山会議」荘環珉（船越國昭訳）、アジア時報、アジア調査会、二〇一一年六月、八十頁
(20)　『毛沢東の私生活　下』李志綏著（新庄哲夫訳）、文藝春秋社、一九九四年、九〜十頁
(21)　前出、『廬山会議―中国の運命を定めた日』三六三頁
(22)　『資料大系アジア・アフリカ国際関係政治社会史　第二巻　第2分冊g（アジア2g）』「中国共産党主席毛沢東の党中央政治局廬山会議の発言」浦野起央編、パピルス出版、一九九七年、三七六九〜三七七八頁
(23)　前出、『廬山会議―中国の運命を定めた日』二四四頁
(24)　『彭徳懐自述　増補版』彭徳懐著（田島淳訳）、サイマル出版会、一九八六年、三六七〜三六九頁

(25) 前出、『廬山会議―中国の運命を定めた日』二五五～二五六頁
(26) 同右、二六四～二六五頁
(27) 同右、二九四～三〇〇頁
(28) 同右、二九一～二九二頁
(29) 同右、三〇二～三〇六頁
(30) 同右、三〇六～三〇八頁
(31) 同右、三一四～三一七頁
(32) 同右、三一八～三二五頁
(33) 『資料大系アジア・アフリカ国際関係政治社会史　第二巻　第2分冊g（アジア2g）』「中国国防部長彭徳懐の共産党第八期中央委員会第八回全体会議の発言」浦野起央編、パピルス出版、一九九七年、三七七八～三七八二頁
(34) 前出、『毛沢東　大躍進秘録』二九八頁
(35) 前出、『廬山会議―中国の運命を定めた日』三三六頁
(36) 前出、『毛沢東の大飢饉』一六〇頁
(37) 前出、『廬山会議―中国の運命を定めた日』三八〇～三八一頁
(38) 同右、三八七～三八八頁
(39) 『資料大系アジア・アフリカ国際関係政治社会史　第二巻　第2分冊g（アジア2g）』「中国共産党第八期中央委員会第八回全体会議の彭徳懐を頭とする反党集団に関する決議（抜粋）」浦野起央編、パピルス出版、一九九七年、三七八二～三七八五頁
(40) 前出、『毛沢東　大躍進秘録』二七六～二七七頁

(41)『現代中国の軍事指導者』平松茂雄著、勁草書房、二〇〇二年、五十五頁
(42)前出、「廬山会議」アジア時報、アジア調査会、二〇一一年六月、八十頁
(43)前出、『毛沢東　大躍進秘録』三〇五頁
(44)前出、『廬山会議—中国の運命を定めた日』四一二～四一三頁
(45)前出、『現代中国の軍事指導者』五十～五十一頁
(46)前出、『毛沢東　大躍進秘録』五四一頁
(47)『鄧小平　政治的伝記』ベンジャミン・ヤン著（加藤千洋、加藤優子訳）、岩波書店、二〇〇九年、一六五頁
(48)前出、「廬山会議」八十一頁
(49)前出、『毛沢東　大躍進秘録』五四四頁
(50)前出、「廬山会議」八十四頁
(51)前出、『彭徳懐自述　増補版』三八二～三八四頁
(52)前出、『現代中国の軍事指導者』五十三頁
(53)『マオ　誰も知らなかった毛沢東（下）』ユン・チアン、ジョン・ハイディ著　土屋京子訳、講談社、二〇〇五年、三五〇頁
(54)前出、『廬山会議—中国の運命を定めた日』二六六～二六七頁
(55)前出、『彭徳懐自述　増補版』四三六～四三七頁
(56)『中国共産党最新資料集　下巻』「建国以来の党の若干の歴史的問題に関する決議（一九八一年六月二十七日、中国共産党第十一期中央委員会第六回総会が全人一致で採択）」中国共産党中央委員会　太田勝洪、小島晋治、高橋満、毛里和子編、勁草書房、一九八六年、一～四十三頁

第四節　戦役履歴と遊撃戦理論

彭徳懐が戦った戦闘は、大半が遊撃戦（ゲリラ戦）であった。基本的に弱小であった共産党軍が、圧倒的な物量・兵員を有する国民政府軍（長征〜延安時代、抗日戦争、国共内戦）、日本軍（抗日戦争）および米軍（朝鮮戦争）に対し勝利するには、ゲリラ戦によるほかはなかった、と考えられる。それをいかにして成功裡《り》に行ったかが、共産党軍（紅軍）勝利のポイントである。

毛沢東は優れた軍事戦略家であり、井崗山以来遊撃戦を指揮し、後に遊撃戦についての理論化も行った。彭徳懐は、優れた現場指揮官であり、遊撃戦を経験する中で体験的に紅軍のあるべき姿を示した。長い期間、毛沢東が戦略を案出し、彭徳懐が実践指揮を行う関係にあった。

彭徳懐が戦った多くの戦役の中から、代表的な戦役について記述する。

1　平江蜂起

一九二八年七月、国民党軍に所属していた彭徳懐を中心とする共産党シンパのメンバーが、秘密裏に図って労農紅軍第五軍を名乗り蜂起し、平江県城を攻撃した。

学生と市民の自発的支持行動により、一発も撃たず、二時間足らずで城内の反動的武装隊の全部を武装解除した。そして、多数の武器・弾薬を捕獲し、民団、警察など二〇〇〇人余りを捕虜とし、一〇〇〇余人を監獄から釈放し、平江県城を確保した。

二十四日には平江県委員会が蜂起の勝利祝賀の大集会を開き、労農兵ソヴィエト政府と労農紅軍の成立を宣言した。

しかし、七月二十九日に国民党の合同討伐軍（湖南・湖北・江西三省の反動軍隊）が合計八個連隊（約一・八万人）で攻撃してきた。

彭の部隊は平江を撤退し、竜門へ移動し、江西省・修水の敵軍を攻めて占領し、白軍一個大隊と二〇〇～三〇〇人の民団を壊滅させた。

そこへ白軍が再び合同討伐を仕掛けて来た。九月初めであった。

彭の部隊は、修水から撤退し銅鼓を占領したが、引き続き攻撃を受け山岳地帯に移動し、さらに白軍に追われるままに転戦した。

しかし、十月中・下旬に、敵軍の朱培徳軍の一個大隊を殲滅することで敵の討伐作戦は終了した。

この間、彭の部隊は打圏子戦術で戦った。つまり、常に敵軍の側面から後方に立ち回り、自軍の動静がつかめないようにして敵軍を疲れ切らせる戦法である。

彭の部隊はこの四十五日間の戦いで兵力一〇〇〇人余りを失い、二〇〇〇人弱となった。「打圏子戦術」が平江蜂起戦勝利の象徴的戦術であった[1]。

2 井崗山脱出作戦

十一月に、彭は五個大隊（七〇〇〜八〇〇人）を率いて井崗山へ向かった。ここで、第四紅軍の朱・毛と初めて会った。そこへ、湖南・江西両省の反動派が井崗山に対する包囲討伐を開始した。

対応策として、朱・毛の第四軍（五〇〇〇〜六〇〇〇人）が井崗山を降りて白区に打って出ることになり、彭の部隊が井崗山に残り傷病兵や婦人たちを守ることになった。

第四軍出発から三日目に、江西省白軍の十二ないし十四個連隊（一連隊平均二〇〇〇人とすると二万四〇〇〇から二万八〇〇〇人）が迫ってきた。彭の部隊七〇〇〜八〇〇人の三十〜四十倍の人数であった。

包囲攻撃は三昼夜にわたった。彭の部隊は、敵の包囲を突破して脱出することを決めた。第四軍が残した傷病兵他の千人余を連れての脱出は容易なことではなかった。井崗山の主峰の山腹の絶壁を、猟師や野獣のかよう小道を通って、一昼夜かけてよじ登った。これにより、敵の第一線の包囲を突破した。

三日目に大汾に到着したが、そこでは敵の三方からの待ち伏せ攻撃に遭った。全滅の危機に陥ったが、三個大隊を集中して一点突破を図り、敵の最後の包囲網を突破した。しかし、敵の兵力が大きく、突破口を塞いだため、傷病兵らは再び包囲され、救出の方法がなかった(2)。

この作戦のポイントは、彭の軍の勇猛果敢が道を拓いたこと、および一点突破作戦の成功であろう。

3　雩都県城奇襲作戦

一九二九年二月、彭の部隊は雩都にいたが、白軍が攻撃してきた。そのとき彭の部隊は兵力約三〇〇人であったが、直ちに雩都県城を奇襲することに決定した。

十八時間行軍を続け、一四〇里を走破し夜中に県城に到着した。敵の不意を突き、城壁をよじ登り、城内の敵に猛攻を加え、敵旅団など全兵力を殲滅した。

このような強行軍の上で奇襲を行うなど、敵には全く予想外のことであったであろう。「準備があり勇敢な軍隊は、優勢だが準備のない敵を打ち破ることができる」と、彭は述べている。

雩都一帯の大衆は、彭の紅軍部隊を天兵と呼んだ。また、紅軍兵士は敵の負傷兵の手当てを行うなどしたため、捕虜の半数以上が紅軍に参加することになった。井崗山から脱出した後の貴重な勝利であった。

後の討論において、仲間から「彭が真っ先に城壁を登ってゆくべきではなかった」と批判さ

れた。彭は「命知らずの無鉄砲」と自嘲している。(3)

この時期の戦闘を顧みて、

「武装闘争は根拠地がなければ長期間続けることはできず、また武装闘争がなければ新たな根拠地をつくることはできない。武装闘争には任務の分担が必要であり、すなわち主力紅軍、地方遊撃隊、赤衛隊がなければならない。現在主力紅軍は敵に比べて弱小である。この弱小な紅軍によって、どのようにして強大な白軍に打ち勝つかを研究しなければならない。

雩都県城奇襲作戦は、弱小の兵力で強大な敵に勝利したものであり、敵の不意を突きまた敵の急所を突いたものである。その結果、敵の攻勢を退けることができた。このような戦法は、旧式軍隊では理解できないものである。戦機というものは常に存在しているのだが、それを発見することや適時にそれをつかむことが難しい。それをつかむことによって勝利が可能となる」

と述べた。そして、

「強固な後方とは一か所に固定した医院、被服工場およびすべての軍用物資の貯蔵庫を持っていることを意味する。強固な根拠地とは、白軍が攻め込んできても、我々が叩き出し、また攻め込んできても、また叩き出す、このように繰り返しても人民大衆が終始我々を擁護している。そのような根拠地を意味する」と述べた。(4)

この戦役において、「準備のある勇敢な部隊の奇襲は勝利の可能性が高いこと、および根拠地と紅軍の連帯の重要性」を認識したと言える。

4　長沙戦役

一九三〇年七月に行った李立三路線時代の戦闘である。

白（何鍵）軍が、平江を攻撃するため、劉建緒に指揮をとらせて三個旅団を繰り出して来た。紅軍は敵の配置の弱点を見破り、彭の軍は二十三日の夜明けに待ち伏せして、敵の第一梯団が平江に向けて前進してきたとき、両翼から挟み撃ちにして敵の先頭梯団の大部分を殲滅した。そして、翌二十四日にかけて第二、第三の梯団と順次対決し撃破した。

彭軍は雪崩《なだれ》を打って長沙方向に退却する敵軍を追撃して、二十五日には強行渡河して長沙に殺到した。そして、正午から夜半に至るまで敵の防衛陣地を次々に突破し、最後に長沙の東に作られた敵陣で激戦を展開し、敵の五個連隊が守る陣地を夜明け前に攻略し、夜明けには長沙全市を占領した。

この戦役は、三日間に連続四回の大戦闘を行い、その行程は一〇四～一五〇里に達した。待ち伏せから攻撃に移り、陣地攻略戦を経て、彭軍は八〇〇〇人の兵力で三万有余の優勢な敵軍を打ち破った。

「このような戦役は軍事史上あまり例をみない。この戦闘で示された勇敢、頑強な戦いぶりは、中国労農紅軍の特徴であり、のちの人民解放軍の特徴である」と彭徳懐は述べている。(5)

しかし、その後敵の反撃に遭った。八月三日夜、敵は長沙の南北から挟撃して来た。四日早朝、敵軍は攻撃を開始した。彭軍は局所的な戦いに勝利したのち八月六日に長沙を撤退した。占拠から十一日間占領したことになる。

当時にあって、この勝利は非常に大きなものであり、李立三路線を支援する役割を果たした[6]。この戦役の意義は、兵力規模の大きく異なる劣勢の戦いで勝利する、実績を得たことであろう。

このあと、第二回目の長沙攻撃を行った。一か月を超える包囲攻撃であったが、紅軍は勝利できなかった。その理由として、彭徳懐は、「軍事的には我が軍が運動戦や突然の襲撃には長じているが、正規の陣地戦の攻撃技術については、訓練に欠けていたためである」と述べている[7]。

この敗戦も、彭の将来にとって大きな軍事経験であったと思われる。

5　江西根拠地〜長征時の「反包囲討伐」戦[8]

一九三〇年九、十月頃になると、軍閥戦争はほぼ終了し、蒋介石は共産軍に対する大掛かりな討伐攻撃を準備した。十二月になると、魯滌平を包囲討伐軍の総司令に任命し、第一回包囲討伐を開始した。

十万の敵軍の攻撃を粉砕するために、毛沢東が方針を提出した。「両手を広げ、敵を深く誘い込む」つまり、敵軍を根拠地にひき入れてそこで叩くというものであった。

この考えに沿って戦った共産党軍は、第一回包囲討伐に勝利した。

しかし、一九三一年三月には第二回包囲討伐が始まった。敵軍の司令官は何応欽で、兵力は第一回の二倍であった。四月下旬には、敵は富田、広昌、建寧を連ねる線まで前進して来た。

毛と彭は、東固と富田の間の山上から地形を観察し、戦術を練った。決定した戦術は、第一軍団の第三、第四両軍が、東固から約十五里のところに迎撃と待ち伏せの陣地を構え、第三軍団（彭徳懐司令）は敵の右翼を迂回してその背後を突くというものであった。

この戦いでは、彭軍は破竹の勢いで西から東に向けて敵を撃破し、最後に建寧で敵の劉和鼎師団を殲滅した。十五日間に七〇〇里を進んで、三万五〇〇〇人の紅軍が二十万人の白軍を撃破した。この戦役は、弱小軍勢が敵を各個撃破し、強大な敵を打ち負かした模範である。

この戦役を通じて、彭徳懐は毛沢東から次のことを学んだと述べている。

①戦役に臨む軍事配置について、細心に思考をめぐらし、欠陥のないように努める。
②戦術問題に対しても細心に研究し、下級の者の意見を虚心に聞く。
③個々の戦闘にあたっては、優勢な兵力を集中し、各個に殲滅することを原則とする。
「敵の十本の指を傷つけるのは、一本の指を切り落とすのに及ばない」を原則とした。

第二回包囲討伐に失敗した後、二か月もたたずに第三回包囲討伐が開始された。

今度は、蔣介石自身が指揮を執り、約三十万人の兵力を繰り出し、各方面から共産党根拠地に属する県城すべてを占領した。

しかし、毛沢東の弾力的、機動的な戦略、戦術方針で戦うことで、三か月間の苦しい戦闘によって、共産党軍は十倍の敵軍を打ち破った。これで第三次包囲討伐も失敗にて終わった。

なお、ここで記した毛沢東の戦略、戦術の具体的内容は不明であるが、上記の第二回のところに記した毛の教えのことであろう。

その後、第四回包囲討伐は比較的容易に粉砕した。

一九三三年から三四年にかけて、第五次包囲討伐が行われた。この時期の共産党中央は王明路線の下、博古と李徳が軍事指揮を執っていた。

彼らの誤った戦闘指揮により、国民党軍に敗れ、共産党は一九三四年十月瑞金を放棄して長征に出ざるを得なくなった。

この間の教訓は、毛の遊撃戦の指針の適切さと、コミンテルン派の実戦指揮の失敗であった。

6　西北根拠地に到着前後の闘い

長征の間も、追ってくる蔣介石軍と小競り合いを続けながら移動した。最後に陝西省北部根拠地の境である呉起鎮に到着した際も敵の騎兵五個連隊が追撃して来たが、この戦闘に勝利し長征を終了した。

陝西北部根拠地に到着した頃は、蔣介石がこの根拠地に対し第三次の包囲討伐を仕掛けている時期であった。この根拠地の紅軍は劉志丹の指揮する二十六軍の約三〇〇〇人と、徐海東が指揮する二十五軍の約三〇〇〇人がいたが、この両部隊が合併して第十五軍を構成していた。

毛と彭はこの第十五軍の司令部に行き、第三次包囲討伐の粉砕計画を相談した。そして、紅軍第一軍団七〇〇〇人と第十五軍は直羅鎮の山中にて待ち伏せした。

敵軍がその待ち伏せ地区に入ったところで両側から攻撃し、敵の全師団を殲滅した。一九三五年十二月初旬の頃であった。長征終了後の初の勝利であった(9)。

再び、十分作戦を練った後の挟み撃ちの遊撃戦での勝利であった。

7　西北根拠地時代の黄河越え戦役(10)

一九三六年一月中旬に毛沢東から「黄河を東に越え、呂梁山脈を奪取し、新たな根拠地を切り開く」という指示があった。そして、毛と彭は、無定河の北の大相村に赴き、黄河沿岸を詳しく偵察し、渡河点を見出し、対岸の敵状も偵察した。

行動を決定すると、黄河を越えた紅軍はたちまち呂梁山脈を占拠した。敵は閻錫山、陳誠の軍であったが、彼らが反攻して来たとき、黄河東岸の紅軍はいち早く陝西北部に撤退した後であった。また、呂梁山を攻めて来たとき、抗日共同戦線を働きかけた。

この東征により、その後の抗日戦線の主導権を握るとともに、敵の三個連隊を消滅し、数十万発の弾薬を捕獲した。そして、立ち上がった大衆から五〇〇〇人、捕虜からと併せると七〇〇〇人が紅軍に参加する成果を得た。陝西北部根拠地の安定性を増す結果も生むことができた。

8 抗日戦争(11)

第二次国共合作がなり、紅軍は八路軍と新四軍に編成し直された。彭は、八路軍の副司令（司令は朱徳）として活躍した。

抗日戦も基本的には遊撃戦であり、有利な条件下では運動戦を行った。平型関の待ち伏せ戦役、百団大戦、反「摩擦」戦役などは遊撃性をもった運動戦であり、「我々はこれを運動遊撃戦とか遊撃運動戦とか呼んだ。我々は抗日戦の中で正規戦をやったことはない」と彭は述べた(12)。

一九四〇年にかけて、八路軍は、華北でいくつかの大戦役を行った。反「摩擦」戦役、平型関戦役と百団大戦である。

反「摩擦」戦役は、一九四〇年一月末開始された。これは国民党反動派が共産党と進歩勢力に反対して起こした「摩擦」に反対する闘争で、対国民党（蔣介石）の戦いであった。

わずか三日間で十数個連隊を全部殲滅し、それにより太行山根拠地を固め、同根拠地と山東、江蘇北部、安徽北部および河北平原との連携を保障することができた偉大な勝利であった。この戦役により、蔣介石の第一回反共高潮を押し返すことができた。

「平型関の一戦は、一九三七年九月二十五日、林彪指揮の八路軍第一一五師団が山西省東北部の平型関付近で日本侵略軍を待ち伏せした戦闘である。日本軍精鋭の板垣師団第二十一旅団一〇〇〇人余りを殲滅し、大量の軍用物資を獲得したこの待ち伏せ攻撃は、抗日戦争開始後初の大勝利であった」

「今回の平型関の殲滅戦で、一一五師団は野砲一門、軽重機銃二十余丁、歩兵銃一〇〇〇丁ほかに、多数の衣類を獲得した」と中共側文書（抗日戦争の正面戦場）は述べている[13]。

次に百団大戦である。八路軍は、一九四〇年八月にこの戦役を行った。この戦いは、彭徳懐が指揮した華北での闘いであり、この戦役に勝利することで日本軍の補給網に損害を与えることに成功した。

日本軍と傀儡は「治安強化運動」なるものを進め、解放区に対しては掃討を行い、遊撃区では大検挙を実行した。占領地域では「保甲制度」なる相互監視制度を実行し抗日勢力を弾圧した。日本軍は各地の抗日根拠地を封鎖して根拠地間の連携を断とうとしていた。日本軍と傀儡軍が各地の根拠地に深く入りこみトーチカを築いた。

八路軍はこのような日本軍に対し、大破壊・襲撃戦役を行うことに決定した。

一九四〇年八月二十日夜、一斉に日本軍の交通線および生産地域（主として鉱山）に対し、奇襲した。特に山西省でその勢いは熾烈で、石太線（河北省石家荘—山西省太原間）および北部同蒲線（山西省太原—永済間）の警備隊を襲撃すると同時に鉄道・橋梁・通信施設等を破壊し、炭鉱設備を徹底破壊した。

この奇襲は、中共軍が従来の遊撃戦法と全く異なった大部隊による運動戦を実施したもので、日本軍の全く予期しないものであった(14)。

この戦いに二十二個連隊を出動させたが、攻略を狙う鉄道線区ごとに、五つの部隊に分けて任務分担を決めた。戦闘を開始すると日本軍と傀儡軍が撤退するのに乗じて、各根拠地の多くの武装勢力が自発的に戦闘に参加し、日本軍を追撃、殲滅した。最初の二十二個連隊に、自発的に参加した武装勢力を加えると、合計一〇四個連隊になった。そこでこの戦闘報告を発表する際、百団大戦と名付けた。

この戦役では日本軍と傀儡軍の三万人余りを消滅させ、多くの県城を取り戻した。一時的に四十~五十県城を手にし、最終的に二十六以上の県城を確保した。このように多くの県城を取り戻したことに、日本軍と傀儡軍は驚愕した。

この百団大戦では、敵の交通運輸線をこっぴどく破壊し、かなり多数の傀儡軍と傀儡組織を消滅し、敵軍が我が根拠地内に築いた多くのトーチカを壊した。また、多くの県城とともに大量の物資を捕獲したが、これは、抗日戦争のなかで、最も捕獲物が多い戦役であった。

この戦役の勝利は、抗日戦争の勝利に対する、華北の人民大衆の確信を大いに高めた。また、共産党指導の抗日軍隊の名声を高めた。この大規模な百団大戦の中で、八路軍は陣地攻撃戦の若干の経験を積み、それ以降、敵の後方での武装工作隊の活動の展開が容易になった。

この戦役の勝利の知らせが延安に届くと、毛沢東は彭に、

「百団大戦の勝利は喜びに堪えない。このような戦闘をさらに一、二度組織できないだろうか」と喜びの電報を打った(15)。

第二章第二節1で後述するように、毛は彭の百団大戦の指揮に不満を述べており、ここで記した喜びの電報と矛盾する。毛の心境は複雑であったと思われる。

百団大戦についての中共資料にある記載から見る。第一段階の終了した九月七日、現地から中央軍事委員会に向けて打たれた電報によれば、

「敵は我が各抗日根拠地をより厳しく封鎖、遮断するため、平原地区で交通線を構築しようと企んでいる」

「交通線の勝利がなければ、平原を堅持することは不可能である」と述べて、日本軍の根拠地への圧力とそれに対する反撃の重要性を述べている。

第二段階の九月十六日、朱徳・彭徳懐は、

「(A)敵の交通を引き続き襲撃・破壊する。(B)困難を克服して我が基本根拠地内の一部拠点に深く入る」との作戦命令を出した。

九月二十二日に第二段階の襲撃・破壊戦を仕掛けたが、日本軍は防衛を強化していた。その結果、二十六日までに十余りの拠点を攻略したにとどまり、その後日本軍が増員して来たため、作戦は終了された[16]。

抗日の時期には、以前の紅軍の時期に比べて人民戦争は発展し、進歩した。たとえば、大規模な地下道作戦、地雷戦、麻雀戦（ゲリラ戦法の一つで三、四人の隊を作りヒットエンドランを繰り返す）など、多種多様な戦法、多種多様な武器も使用した。

武装組織の編成も多種多様で、たとえば民兵にも普通民兵と基幹民兵があり、村には小組、区には区幹部隊、県には独立連隊、独立大隊あるいは支隊があった[17]。

9　国共内戦時[18]

日本が敗北し、第二次世界大戦が終了すると、国共内戦が開始した。

一九四七年に胡宗南を司令とする国民党軍が延安を攻撃した。このときの兵力は、国民党軍二十四万人に対し共産党軍は二万五〇〇〇人であり、十対一の比であった。

一九四七年三月初め、胡宗南軍は五個旅団をもって攻撃してきた。この戦闘で、共産党軍は一二〇〇人前後の死傷者を出し失敗した。

胡宗南軍主力は、洛川、宜川に兵力を集結し、北の延安へ向けて前進中であった。党中央は習仲勲（現習近平国家主席の実父）を西北野戦軍政治委員に任命し、彭はその司令官になった。

三月十七日、毛沢東は安全確保のため延安を離れた。共産党軍が待ち伏せ態勢に入ってから数日後の三月二十五日、胡宗南軍は待ち伏せ地点に入って来た。この戦いで共産党軍は侵入部隊を殲滅し、多くの弾薬を捕獲し、二〇〇〇～三〇〇〇人を捕虜とした。

四月十五日、毛沢東は西北野戦軍の作戦方針を提起し、「まつわり」戦術をとって敵軍をどこまでも疲れさせ、次第に敵を弱めてから個別に消滅せよ、と指示した。

三月十九日に国民党軍が延安を占領して以来、一か月余りのうちに、共産党軍は三つの戦闘を行い、敵の五個連隊と三つの旅団直属隊を消滅させた。延安占領時には二十万人と称した胡宗南軍は、半年間で半ば近くが共産党軍に殲滅され瓦解した。

一九四七年、西北野戦軍は、全国の解放区と同様に西北地方の戦場で勝利を勝ち取った。この間、新しい形の整軍運動を行った。訴苦大会（自分の苦難を訴え合う）、三査運動（出身階級を点検し、活動を点検し、闘志を点検する）を行い、軍事訓練では兵士と将校が教え合う気風を作り上げた。幹部の任命に当たっては、民主的選出と組織による承認のやり方を採った。この整軍運動により、軍隊の規律は良くなった。

一九四八年一月中旬、共産党・西北野戦軍は四万四〇〇〇～四万五〇〇〇人であった。胡宗南軍は、延安に二個旅団のほか合計七個旅団、約三万人であった。

三月一日から戦闘となった。国民党軍の援軍四個旅団を殲滅し、三日には宜川を攻め落とし一個旅団を殲滅するなど、この戦役で国民党軍五個旅団の三万人を消滅した。

この後、共産党軍は西安―蘭州公路を断ち切る計画を進めた。これに対し、胡宗南軍は河南方面から応援を呼ぶとともに、延安を撤退した二個師団は西安に逃げ込んだ。共産軍は、直ちに延安を取り戻した。撤退してから約一年後であった。

彭徳懐は、西北解放戦争を戦っての教訓として、

「勝ちを急ぐということは、思想的には主観主義になり、行動面では冒険主義になる」と語っている。

10 朝鮮戦争[19]

一九五〇年十月、参戦前に毛沢東が考えた兵力は、まず十二個師団を送り、戦場の兵力で四対一の優位に立つことを望んだ。これで米国の火力の優位を相殺できるはずである。迫撃砲では一・五対一、さらには二対一の優位を確保したかった。中国軍には重砲がないからである。[20]

①第一次戦役

中国義勇軍は、一九五〇年十月十九日に鴨緑江を越えて朝鮮に入った。この時点で敵軍の一部は鴨緑江に達していた。

二十一日の朝、李承晩の傀儡軍と遭遇した。彭は行軍中の兵力配置をただちに改め、中国軍特有の弾力性と機動性を発揮して、北鎮の雲山地区で李承晩傀儡軍の一部を消滅し、米軍・傀儡軍の追撃を撃退した。

国連軍は、清川江と徳川地区の線まで後退し、野戦陣地を構築し始めた。敵の主力部隊は戦車部隊で、防衛網を作り上げており、当時の義勇軍の装備では敵軍に陣地戦を仕掛ける力はなかった。

②第二次戦役

当時、わざと戦闘力が弱いように見せかけて、敵を深く誘い込む戦術を取った。小部隊の勢力で敵と接触しながら、主力は北鎮の東西の地区を押さえ、そこにこっそりと反撃陣地を構築した。敵の攻撃が近いと判断した中国義勇軍は、準備を整え待ち構えた。

十一月二十日頃、敵軍は猛烈な攻撃を開始した。予定の配置にもとづいて、中共軍の小部隊は反撃しつつ、じりじりと後退し敵を誘い込んだ。中共軍の攻撃要領は、国連軍陣地の翼や間隙から潜入し、側背と正面から攻撃しつつ同時に退路を遮断するのを常としていた。国連軍は火力によってこれを破砕しようとしたが、雲霞の如くあふれる人海の波に飲み込まれて、陣地は次々に崩壊した。(21)

中共軍の小部隊は敵の背後に回り、主力はすさまじい勢いで正面から敵陣に突入した。手りゅう弾と銃剣で国連軍と白兵戦を行ったため、国連軍は優勢な火力を使用できなかった。中共軍の奮闘によって、敵の陣形はさんざんに乱れ、ひっくり返された車両が道を塞いだ。このような戦法は、敵軍にとって初めてのもので、全く彼らの不意を突いた。

この戦闘は、共産軍の大勝利となり、浮足立った国連軍は平壌を放棄し三十八度線まで後退した。この戦闘で抗米戦争の勝利の基礎は固まり、朝鮮民主主義人民共和国の領土はすべてが取り戻された。

③第三次戦役

一九五〇年十二月中旬には、こっそりと三十八度線に接近した。詳しい偵察を行い、各種攻撃準備を整えた上で、十二月三十一日夜、一挙に三十八度線を突破してソウルを奪還し、さらに仁川港を取り戻し、国連軍を三十七度線まで追い払った。

これに対し、国連軍は計画を改め、共産軍を堅固な陣地に誘い込むことを狙ったもので、共産軍の疲労と消耗を待って、正面から反撃すると同時に、側面の海岸から部隊を上陸させて共産軍の退路を断とうとするものであった。

中国義勇軍は三次の戦闘で疲労しており、補給線も長くなり、次の戦闘に備えるため休養と補充を行った。

④第四次戦役

三十七度線まで進んだ共産軍は、三十七度線で攻撃を停止した。国連軍の陣地に誘い込もうとする作戦が失敗したので、国連軍は一月下旬に反攻に出てきた。共産軍は五個軍を集めてこれを迎え撃った。

彭徳懐は二～三月にかけて一週間北京に戻り、戦況を毛に、「速勝は困難にて、一時漢江の北岸に撤退させねばならない」と報告した。毛は、「速勝を勝ち取れる戦役は速勝し、速勝できない戦役はゆっくり勝利を勝ち取れ」と指示した。

⑤第五次戦役

二月中旬、国連軍は北へ進攻し、三十八度線まで進んだ。西部戦線の共産軍は反攻に出て、国連軍をソウル付近まで押し戻した。しかし、国連軍は引き下がらず、前進しすぎた中朝軍一個軍は、国連軍の爆撃と襲撃に遭い、三〇〇〇人を失った。この損失は、抗米戦争で最大のものであった。

この戦役の規模は非常に大きく、敵味方とも一〇〇万の兵力が参戦した。アメリカ軍一個連隊を包囲した場合、それを殲滅するのには二日を要した。その原因は、共産軍の技術装備が遅れていたからであった。そして、敵の空軍、機械化部隊がすぐ救出に来た。

毛沢東からは、「アメリカ軍に対する作戦では、大きな口を開けてほおばろうとしてはいけない。飴をしゃぶるように少しずつかたづけるべきである」との電報が入った。

第一章第二節1で述べたように、彭は、米軍の近代的軍事力に直面し、自己の劣勢を痛感して、陣地戦の必要性を痛感していた。

その後の若干の膠着期を利用して、共産軍は三十八度線に沿って地下壕による陣地を構築した。一九五一年夏から秋にかけて、強固な陣地による戦闘という形式、すなわち毛の言う「飴をしゃぶるように、少しずつかたづける」戦術が採用され始めた。

火力と兵力を最大限に集中し、敵の目をかすめて敵陣に攻撃を加え、そのたびに敵の一部、大抵は敵の一個大隊を殲滅した。このような殲滅戦を毎月四、五回行ったが、その戦果を合わせれば相当大きなものであった。それらを通じて、陣地攻撃戦のやり方を実際に体得した。

最後に行った陣地突破戦は、停戦前夜の一九五三年七月下旬であった。

このとき、共産軍は四個軍を出動させ、二十五キロの幅を持つ敵の地下道陣地網を一夜にして突破し、傀儡軍の四個師団とアメリカの重砲一個連隊を消滅した。

この陣地突破戦の勝利により、国連軍総司令のクラーク大将は停戦協定に署名せざるを得なくなった。

彭は、「抗米援朝戦争の経験は、豊富なものである。空軍の掩護が全くない条件の下での後方補給の経験も貴重であった。細菌戦と戦う中でも多くの経験を積んだ」と述べている。

以上、具体戦役履歴について記したが、これらについて、毛と彭がどのように理論化していたかを見る。

毛と彭はエドガー・スノウに彼らの考え方を述べている。スノウが陝西省北部を訪れたのは一九三六年であるので、彼らの発言はその頃までの経験に基づいて行われている。

毛沢東は、井崗山で四つのスローガンを採用したと述べた。

「それは、①敵が進めば我退き、②敵が駐屯せば我擾乱し、③敵が戦闘を避ければ我これを攻め、④敵が退けば我進む、であり、これは紅軍の遊撃戦で用いた戦法の手掛かりを与えるものである」

「紅軍がこれら原則から外れると、成功しなかった。我々の勢力は少なく、敵は十倍から二十倍である。我々の財源と戦闘器材は限られ、機動戦術とゲリラ戦を巧みに結合することによって初めて我々は、我々よりはるかに富み、また優秀な基地を持つ国民党との闘争で成功を望むことができた」

「紅軍の最も重要な一つの戦術は、攻撃の際に主力を集中させ、その後、速やかに分割、分離する能力だったし、今もってそうである。これは、陣地戦を避け、戦闘に参加している敵の兵力を移動中にとらえ、これを壊滅するために全力を注ぐことを意味する」

このような戦術を基礎として、紅軍の機動性を持ち迅速で強大な「突撃」が生み出された。[22]

また、彭徳懐が遊撃戦について語っている。[23] 彭は中国革命で遊撃戦が行われる理由として、以下の四点の経済上の理由を挙げた。

第一に農村の経済的破産、とりわけ農村の破産。

第二に僻地が遅れている（通信機関、道路、鉄道、橋梁の欠乏）ゆえに武装し組織することが可能になる。

第三に中国を支配している帝国主義勢力間に溝がある。

第四に一九二五～二七年の大革命が多くの人々に革命の概念を植え付け、都市で基地を作ることは難しかったので農村地帯に戻った。

肝心なのは、農村の大衆運動に指導と形態と目標を与えることであった。また、大衆が遊撃隊を自身と同一視したがゆえに遊撃戦は成功した。したがって、遊撃戦は共産党の革命的な指導の下においてのみ成功できる。そして、実戦指導は、断固として、恐れを知らず、勇気がなければならない。指導者にこのような要素がなければ遊撃戦はうまく行かない、と述べた。

そして、彭は遊撃戦成功の十原則として以下を挙げた。

①負け戦を戦ってはならない。成功の見通しがない限り交戦すべきではない。
②主な攻撃戦術は奇襲である。戦闘が長引くにつれ、遊撃戦の成功確率は減少する。
③あらかじめ、後退について慎重で詳細な計画が必要である。
④地区の民団を破壊するか大衆の側に取り込まねばならない。

⑤数において敵軍を凌駕《りょうが》せねばならない。しかし、紅軍の奇襲戦の多くは、数千の敵軍に対し、数百名の兵力で行われてきた。奇襲、迅速、勇気、躊躇せぬ判断、完全に計画された作戦、そして敵の構造の中で最も弱い、致命的な点を選ぶこと。
⑥遊撃隊は最高の弾力性を持つ必要がある。判断を誤っていることが分かったら、交戦を始めたときと同じ速さで、交戦を止め撤退できなければならない。
⑦撹乱《かくらん》戦術、囮《おとり》作戦、牽制《けんせい》作戦、闇討ち、陽攻、刺戟《しげき》戦術を体得せねばならない。
⑧遊撃隊は、敵軍主力との対戦は避けるべきである。
⑨遊撃隊主力の所在を敵に知られないようにすること。遊撃隊の移動は秘密裏に行わねばならない。
⑩その地区の大衆と密接不可分。これを充分に有効活用すべきである。

そして、まとめると次のようになると言った。

「遊撃戦を成功させるためには、次のような基本要素を必要とします。すなわち、豪胆さ、敏速さ、知性豊かな計画、機動性、秘密を守ること、行動は不意打ち果断に行うこと」

「遊撃戦が農民大衆の支持と参加を勝ち取ることが絶対に必要」

「戦術は重要であるが、大多数の人民が我々を支持してくれなかったら、我々は存在できません」

毛は、一九三八年に『遊撃戦論』を書いている[24]。概要を記す。

遊撃戦の典型的形態として奇襲の重要性を述べ、正規戦においても遊撃戦で敵を攻撃することで呼応することが可能となる。

長期戦になった場合には、敵の勢力圏内で遊撃戦を行い続けなければならない。この場合、根拠地は遊撃戦の戦略基地になる。

敵が根拠地を包囲していたとき、反包囲戦を行い、後方連絡線を断つよう行動する。このような行動を行うためには、敵情の分析が重要である。

遊撃戦は分散的な行動を特徴とするが、このとき戦略指揮は集中的に行い、戦闘は分散的指揮で行う必要がある。

具体的な遊撃戦には、いろいろな戦術が用いられた。「打圏子」戦術は堂々巡り戦術であり、敵は「旋回戦術」と言った。常に、敵軍の側面から後方に立ち回り、自軍の動静がつかめないようにし、敵を疲れきらせる戦術である[25]。

国共内戦の折、毛沢東は「まつわり戦術」を提起した。これは、敵をどこまでも疲れさせ、次第に敵を弱めてから個別に消滅する作戦である[26]。

これらの経験的遊撃戦理論は、多くは一九三八年以前の経験に基づいているが、その後の抗日戦争および国共内戦においても、基本的に同様の理論に基づいた実践が行われ、概ね有効な結果を生んだ。

朝鮮戦争においても同様であり、その第三次戦役までは中共軍の遊撃戦が有効であったが、第四、五次戦役から米軍の近代軍事力に圧倒される機会が増え、陣地戦の必要性を痛感して、中国軍も陣地戦を取り入れた。

特に三十八度線に沿って構築された地下壕は強力な陣地を提供し、休戦交渉期間の中朝軍の形勢維持に大きな役割を担った。

朝鮮戦争において、彭徳懐は中国人民解放軍の近代化の必要性を痛感し、軍のトップ幹部として近代化諸施策に取り組んだ。遊撃戦力から近代戦力へ移行するきっかけを朝鮮戦争がもたらしたと言える。

【注】

（1）『彭徳懐自述　増補版』彭徳懐著（田島淳訳）、サイマル出版、一九八六年、一一一～一五四頁
（2）同右、一五五～一六四頁
（3）同右、一六四～一七〇頁
（4）同右、一八九～一九一頁
（5）同右、二一〇～二一一頁
（6）同右、二一三頁
（7）同右、二一五～二一六頁
（8）同右、二二〇～二六五頁

(9)同右、二八〇～二八二頁
(10)同右、二八五～二九六頁
(11)同右、二九八～三二三頁
(12)同右、三〇六頁
(13)『抗日戦争中、中国共産党は何をしていたか』謝幼田著(坂井臣之助訳)、草思社、二〇〇六年、八十五～八十九頁
(14)『大東亜戦争戦史叢書　支那事変　陸軍作戦(3)』防衛庁・防衛研究所著、朝雲新聞社、一九七六年十一月、二五三頁
(15)前出、『彭徳懐自述　増補版』三一四～三一九頁
(16)前出、『抗日戦争中、中国共産党は何をしていたか』一〇六～一〇九頁
(17)前出、『彭徳懐自述　増補版』三二三頁
(18)同右、三二六～三四一頁
(19)同右、三三四～三五二頁
(20)『ザ・コールデスト・ウインター　朝鮮戦争　下』デイヴィッド・ハルバースタム著(山田耕介、山田侑平訳)、文藝春秋、二〇〇九年、二十三頁
(21)『図説　朝鮮戦争』田中恒夫著、河出書房新社、二〇一一年四月、八十九～九十頁
(22)『中国の赤い星　増補改訂版』エドガー・スノウ著(松岡洋子訳)、筑摩書房、一九七四年、一二一～一二二頁
(23)同右、二〇一～二〇六頁
(24)『抗日遊撃戦争論』毛沢東著(小野信爾、藤田敬一、吉田富夫訳)、中央公論社、二〇〇一年、八十一～

一五九頁
(25) 前出、『彭徳懐自述　増補版』一五一頁
(26) 同右、三三〇頁

第二章　人間・彭徳懐と中国共産党

第一節　彭徳懐の人物像

各種の文献・資料に現れた彭徳懐の人物像に関する記述を抜粋し、それらを総合することで、人物像を描いてみる。

1　性格、人格

彭徳懐は、『自述』の中で、

「人格形成は、育った環境と密接である。幼少年時代の貧しい生活は、私を鍛錬してくれた。その後も、私は子供のころを思い起こしては、決して腐敗に染まってはならない、と自分に言い聞かせて来た(1)」

「他人が妾《めかけ》を囲っているとか、アヘンを吸っているという話を聞くのが大嫌いであった(2)」と語っている。

彭徳懐は「農民の子」であった。一九五七年七月二十二日の平江蜂起二十九周年での座談会で、「私は一人の勇敢な農民の子」で「時代と生活が自分を職業革命家の生涯にしてしまった」。自分はいつも「人民の箒《ほうき》になりたい」、「人民が自分を必要とするときには、何でも行う」と述べていた。
一九五四年九月に毛沢東が彭徳懐を国防部長に任命したとき、彭徳懐は堅く固辞し、西北に行って建設に参加したいと希望したが、毛沢東は同意しなかった。
五九年四月、人民代表大会で副総理兼国防部長に再任されたときも、彼は再度軍職を辞して建設に参加したいと希望した、ということも伝えられている。[3]
エドガー・スノウが『中国の赤い星』で彭徳懐の人となりについて記述している。[4]
「彭は陽気な笑いを好む男であり、優れて健康体であった。但し、長征の最中一週間にわたり生の穀物や草を食べなければならなかったり、ときには有毒に近いものを口にし、また食物が全くないことが数日間あったりで、胃を弱くしていた。何十回もの戦闘を経て来たのだが、負傷したのはわずか一回で、それもたいしたものではなかった。
予旺堡の彭の司令部があった構内に滞在しており、彼に会うことが多かった。彼は部下と同様わずか二着の軍服しか持っておらず、階級章は付けていない。彭の態度と話し方は解放的で、率直で、迷いがなく、動作は早く、笑いに満ち、機智に富んでいる。肉体的に非常に活発で、乗馬の達人であり、忍耐強い男である。早寝早起きで、決してあわただしくはしていないが、常に多忙であった。また、彭はたいそう子供好きである。
彭徳懐の話しぶりや振る舞いに見られる、単刀直入で、直截で、遠回しを嫌うやり方は私を喜ばせた。中国人の中では得難い性格である。長征のときは、自分の馬を病人や傷ついた兵士にゆずって、二万五〇〇〇華里を歩き通した。彼は、常に兵と一緒に生活することを好み、兵と同じ食事をし、未だかつて兵から遊離したことがなかった。若いときから筆舌に尽くせぬような苦労をし、かつて国民党に捕らえられ、一か月も恐るべき拷問に耐えたこともあったが、彼の表情は常に穏やかであった」

多くの人が、彭総司令は気性が荒く、カッとなると激しい言葉で罵ることを知っていた(5)。彭徳懐も自らを、

「わしは、どうも頑固者で単純なたちだから、ちょっと気に障ることでもあると後先を考えずに神様さえ怒鳴りつけてしまうことがある」と述べている。

幼年時代のつらい生活で身についた負けん気の強さ、数十年の苛酷な戦争体験の中で培われた激しさ、逆境より順境が多いことでおのずと助長された傲慢さ、尊大さ、協調性のない偏屈な気性でもあった(6)。

彭徳懐は戦士の中の戦士で、部下の間でずば抜けて人気があった。部下の必要に気を配っていたからである。彭は全く気取りのない人物で、このことが部下からこの上なく慕われる要因になった(7)。

彭徳懐は、張飛の勇はあるが、張飛の細はない、同じ軍人でも朱徳に茫洋《ぼうよう》さがあるが、彭徳懐は剛直な直言居士である、と評された(8)。

彭徳懐は、解放後、新たな官僚階級の物質的特権を享受して大衆から遊離してしまった他の

同僚たちと違って、簡素でつつましい生活様式を守り、常に大衆と接する位置に身を置いていた。いかなるアカデミックな教育を受けたこともない彭徳懐は、すべての政治的術策や手管とは無縁であった。廬山で彭の私信を受け取って、毛が不愉快であることは察せられた。

彭はもともと政治家などではなく、朴訥《ぼくとつ》かつ誠心の士であり、政治的陰謀など企めない生粋の軍人であった。が、特段の勇気があって、多くの人が嘘をついている時期に真実を語り、他の党指導者と違って毛主席を少しも恐れていなかった(9)。

彭徳懐が高い人望を有していたことを示すエピソードを二つ記す(10)。一つ目は、一九六六年に造反リーダーが四川省に派遣され、彭徳懐を北京に連れ戻しに行ったとき、彭と話をしたあとすっかり心服して、彭徳懐を擁護する側に転じてしまった、ことである。二つ目は、一九六一年十月に一時帰郷を許されたとき、地元の役人や一般の村民が２０００人も集まり、人民のために声を上げてくれたことに感謝の言葉を述べた、ということである。

彭徳懐が、品性高い精神を有していたことが分かる言葉が姪の彭鋼氏の思い出の中に記されている(11)。廬山会議での意見書に関連して、「国防部長だったのに、なぜ経済問題にかかわり合ったのですか?」との姪の質問に対し、「人民に対する責任を果たさなければならないのだ。どんな問題だろうと、正しくないと思ったら進んで言うのが、社会の主人公としての態度だ。個人の得失を考える必要はない。党から除名されようと、投獄されようと、死刑に処されようと、恐れてはならない」「革命に参加して以来、私はすべてを党と人民に委ねてきた」「彭徳懐は、『石穿』という号を使っていたが、昔、洞穴に入ったとき、天井から落ちてくる水滴が長い年月の間に足もとの石に深いくぼみを穿っているのを見て感ずるところがあり、この号をつけて自分を励ますことにした」「戦いの中で犠牲になった戦友たちのことを思えば、私たちはなおさら立派に仕事をしなければならない。死後に汚点を残すようなことをしてはならない。潔白を貫いてこそ、死んだ戦友に顔向けが出来る」「歴史というものは公正だし、人民も公正だ。いずれ、私に対して正しい結論を下すだろう」。いずれも彭徳懐の精神を表現していることばである。身内が彭の死を悼みながら記述したものであり、美辞に傾いている可能性もあるが、老年時に彭徳懐が過去を振り返り誠心から表現した心情と考えられる。

2 軍人として

十七歳で兵卒として湘軍に入った後、二十一歳で小隊長、二十四歳で中隊長、二十七歳で大隊長、二十九歳で連隊長と急速に昇格していった。

その後、何鍵軍にあって、共産党に共鳴したグループのリーダとして、平江蜂起を起こし、労農紅軍第五軍の軍長となった。彭の兵士としての能力と統率力が抜群であったことを示している。

「豪放で気性の激しい国防相」

「革命における経歴と歴史的勲功は、他に匹敵するものがなく、何者をも恐れぬ精神と邪《よこしま》なものに惑わされぬ気迫とを兼ね備え、党内においてもまた大衆の中にあっても崇高な威信を集め、その上天性曲がったことが嫌いで、奢侈《しゃし》を求めずさっぱりした寛大な心の持ち主である」[12]

朱徳は「彭総司令は生活面で節約を心掛け、堅忍不抜なこと彼に勝る者はいない」と語った。[13]

彭徳懐は軍人として、きわめて勇敢であった。井崗山から脱出するとき、「井崗山の主峰の山腹の絶壁を、猟師や野獣のかよう小道を通って、一昼夜かけてよじ登った。それによって敵の第一線の包囲を突破した」との記載があり、[14]また、雩都県城を奇襲したとき、「十八時間行軍を続け、一四〇里を走破し、夜中に県城に到着した。敵の不意をつき、城壁をよじ登り、城内の敵に猛攻を加え、……」と記載している。[15]

『自述』に、一九八四年七月の人民日報に載った王首道（当時中国共産党中央顧問委員会常務委員）の「彭徳懐同志をしのぶ」との記事が掲載されている。人間・彭徳懐について書かれた部分を抜粋する。

「長期にわたる革命戦争のなかで、何度も生死の関頭をくぐり抜けた、我が党でも数少ない、優れた才能を持った軍事指導者であった」

「勇敢にして果断、また、きわめて親しみやすく、その性格は豪快そのものであった」

「人民軍隊の指揮者として自ら手本を示し、戦士と苦しみを共にしてきた。彼の人となりは質朴で、自分を厳しく律する人であった[16]」

彭徳懐は、毛沢東の「三面紅旗」政策によって、兵士に対する生活物資の供給が引き下げられ、兵士を送り出している農民の生活が破綻に瀕《ひん》し始めていると知ったとき、深刻な危惧を感じた。

中国人民志願軍の総司令として朝鮮戦争の指揮を執り、アメリカの圧倒的な近代戦と対決した彭は、国防相として、中国軍の近代化に誰よりも心を砕いていた。朱徳に匹敵する、軍の絶対的な信望を得ていた。

彭徳懐は学歴に対するコンプレックスがあったかもしれない。

「私は学問のない人間であり、丘八学校と農民学校の出身で、学問がないので人を信服させることは難しい。教条主義の人は学問がない。この面で自分は劣等感をもっている」と述べている。

スノウは彭失脚後に書いた『革命、そして革命[17]』で、

「一九三六年、私が初めて彭徳懐に会ったとき、彼は第一方面軍の副司令であった。無愛想でタフな男で、無限のエネルギーと革命的情熱を持っていたが、マルクス主義者としての訓練には欠けていた」とやや否定的な評価をしている。

以上からうかがえる人物像を要約する。

彭徳懐は農村に生まれ、素朴で質素倹約な生活姿勢を持ち、常に民衆と共にありたいと願っていた。明るく、率直で、笑いに満ち、多くの人から好かれた。正義感に富み、曲がったことが嫌いな直言居士であり、自らを厳しく律した。その反面、直情的で怒りっぽい側面もあった。

軍人としては、きわめて勇敢、勇猛果敢で、多くの戦役で成果を上げた。特に、延安での国民党との闘い、抗日戦、朝鮮戦争での活躍は顕著であり、その後国防相まで昇進した。頑健な体を持ち、しばしば戦いの先頭に立った。常に兵士を愛し、司令官になっても兵士とともにあることを望んだ。

軍人として大きな成果を上げたが、共産主義思想の理解は深くなく、学歴に対するコンプレックスも有していた。そして、政治的術策や手管とは無縁であり、政治家としての手腕はあまり見られなかった、と言える。

中国人に「最も尊敬する政治家は誰か？」を尋ねると、返ってくる答えは、毛沢東でも鄧小平でも周恩来でもなく、彭徳懐の名が挙がる。大陸に住む中国人にとって彭は、毛沢東の生前、彼の政策の誤りを正面切って批判した、勇気ある政治家としてきわめて高い評価を得ている(18)。

これは、彭が死去し名誉回復された後の一九八六年時点での中国人の評価であるが、彭徳懐にとって誇らしいことと考える。最盛期の最高権力者・毛沢東に対して、多くの幹部が無言で従うか追従する中、言いづらいことを直言した幹部は彭徳懐の他にはいなかった。

このような彭徳懐の特性は、廬山会議で毛沢東に徹底批判され、失脚する要因でもある。

【注】

（1）『彭徳懐自述　増補版』彭徳懐著（田島淳訳）、サイマル出版会、一九八六年、七頁

（2）同右、四十六頁

（3）『現代中国の軍事指導者』平松茂雄著、勁草書房、二〇〇二年、五十二〜五十三頁

（4）『中国の赤い星　増補改訂版』エドガー・スノウ著（松岡洋子訳）、筑摩書房、昭和四十七（一九七二）年、一九三〜一九五頁

（5）『廬山会議―中国の運命を定めた日』蘇暁康、羅時叙、陳政著、毎日新聞社、一九九二年、九十七頁

（6）同右、一七八頁

（7）『ザ・コールデスト・ウインター　朝鮮戦争　下』デイヴィッド・ハルバースタム著（山田耕介、山田侑平訳）、文藝春秋、二〇〇九年、二四八〜二四九頁

（8）「毛沢東が権力『完全掌握』に成功した『廬山会議』、その秘密」DECIDE　NO．292、二〇〇九年五月、十一〜二十一頁

（9）『毛沢東の私生活　下』李志綏著（新庄哲夫訳）、文藝春秋社、一九九四年、九〜十頁

（10）『マオ　誰も知らなかった毛沢東（下）』ユン・チアン、ジョン・ハイディ著　土屋京子訳、講談社、二〇〇五年、二五一、三四九頁

（11）前出、『彭徳懐自述　増補版』四三三〜四三八頁

（12）前出、『廬山会議―中国の運命を定めた日』六十〜六十一頁

（13）同右、二七一頁

（14）前出、『彭徳懐自述　増補版』一六一頁

（15）同右、一六五頁

（16）同右、四一五〜四二四頁
（17）『革命、そして革命』エドガー・スノウ著（松岡洋子訳）、朝日新聞社、一九七二年
（18）「中国共産党党内闘争史-14-（補）彭徳懐と毛沢東」現代の理論23（7）、海江田万里、一九八六年七月、七十九頁

第二節　毛沢東ら中国共産党幹部との関係

1　毛沢東との関係

彭徳懐の中国革命の間、最も重要な人間関係は毛沢東との関係であった。

毛は一八九三年生まれで、一八九八年生まれの彭徳懐の五歳年上であり、共産党員になったのも早く、中国共産革命の中核となる農村根拠地をいち早く設置した。彭にとって毛は常に目上の存在であった。

一九二八年十一月、井崗山で彭は初めて毛に会った。彭徳懐と毛沢東は同じ湖南省生まれの同郷であり、井崗山時代からの戦友でもあった。当時の二人の関係はとても親密で、彭は毛に話があるとき、ノックもせずに直接部屋に入って「老毛」と呼びかけた。

彭は毛沢東にずけずけと物を言うことで知られていた。毛と彭の付き合いは井崗山に立て籠もったゲリラ戦時代に遡る。もし、毛が寝ていれば、布団をはがして彼と話をした。一九四九年に毛沢東が新中国の最高の地位に就いた後も、彭徳懐は彼の臣下となったとは考えず、「万歳」と叫ぶことも『東方紅』を歌うことも好まず、「主席」とも呼ばずに、「老毛」と呼んでいた。(1)

二人の関係を歴史的に見ると、彭が毛に賞賛された肯定的事象と、彭が毛に非難された否定的事象があるが、後述のように、圧倒的に否定的事象の方が多かった。

彭―毛間の肯定的事象としては、長征の最終段階の陝西省北部に到達したときの戦闘、解放戦争時に延安を一度奪われるも奪還した戦い、および朝鮮戦争参戦にあたって彭が人民義勇軍の司令官を引き受けたこと、などが顕著なものである。

長征の最終段階で、第一方面軍は彭が司令となり、毛が政治員を兼ねた。哈達鋪から東進し、二十数日に及ぶ苦しい奮闘を経て、ようやく陝西省北部根拠地の境である呉起鎮に到着した。これによって、二万五〇〇〇華里に及ぶ紅軍の英雄的で偉大な長征は終わったが、この際、彭徳懐の指揮により敵騎兵部隊を一挙に撃滅して陝西北部根拠地の基礎を固めた。

このとき、毛沢東が「彭大将軍」と讃えて詠んだ詩がある。これを彭徳懐は大変喜んでいた。(2)

山高く、路険しく、谷深し
君の騎兵は　君の活躍に任す
銃を構え　敢えて敵馬をとどむるは
誰ぞ　惟だ我が彭大将軍

解放戦争の時期、蔣介石が一九四七年春、山東解放区と延安に対する重点的な攻撃に出たが、このとき胡宗南軍が延安を攻撃した。共産軍は彭徳懐を司令官とした西北野戦軍であった。共産党軍の十倍の兵力を擁した胡宗南軍の攻撃により、毛沢東は延安を逃れ、共産党は延安を一時放棄した。それから約一年の間、延安は国民党軍の支配下にあったが、彭徳懐の指揮した共産党・西北野戦軍は整軍運動などを通じて結束力と戦闘力を高め、一九四八年春には国民党軍を破り延安を奪還した。

この戦闘では、一度に敵の五個旅団を殲滅した。毛沢東は、この勝利を新式運動によるものと評価し、これを賞賛した[3]。

朝鮮戦争の開始に当たって、毛は、朝鮮派遣の中国人民志願軍の司令官として、当初林彪を考えていたが、林彪が辞退したため、当時西安にいた彭徳懐に司令を務めるよう要請した。それに対し、彭は受諾してその役割を見事に果たした。彭が党の命令（＝毛の要請）に対して軍人として従う、との精神を持っていたことがこの受諾に繋がった、と考えられる。毛沢東は彭の決断に感謝したと思われる。

次に、彭―毛間の否定的事象を列記する。

最初の事象としては、平江蜂起に際して、彭が自前の紅軍を創設したとき、毛を困らせたとされる[4]。毛は、自分の特許を無断で使われたような気持ちであったろうか。

一九三〇年の李立三路線のとき、同年七月、彭は長沙攻撃を行った。二十五日夜明けには長沙を占拠した。彭の軍は八〇〇〇の兵力で三万有余の何鍵軍を撃ち破った（これは軍事史にあまり例を見ないものであった）。

長沙占領後の八月三日、何鍵が十五個連隊の全兵力を集め、外国軍艦も含むはるかに優勢な兵力で反撃してきた。その結果、彭徳懐軍は八月六日に長沙を撤退した。十一日間長沙を占領したことになる。この長沙攻撃の勝利は当時としては非常に大きなものであったが、李立三路線を結果的に支援する役割を担った[5]。

この長沙戦役のときは李立三の全盛時代で、毛沢東も頭が上がらなかった。毛は李立三から紅軍の長沙攻撃を要求されたが、この戦役に成功したら李立三の名をなさせ、失敗したら自分で墓穴を掘ることになると考え、かねてからあまり快く思っていなかった彭徳懐を選んでその任に当たらせた、とされる。

彭は往々にして毛沢東の命令に反抗した。毛にとっては扱いにくい存在であった[6]。

毛は党の実権を握っていなかったので、指示権はなかったが、自分の協力しない戦役であり手兵でない彭部隊にやらせておいても自分には影響がない、と考えたものと思われる。毛は彭徳懐を軽んじていたと考えられる。

一九三二年一月、王明路線であった当時の中央局の会議において、党中央と毛沢東の異なる戦略方針が出されていた。彭の第三軍は党の方針に従った。そして、第一軍団と第三軍団が別個に戦ったため、白軍を殲滅できなかった[7]。

李立三路線のときおよび王明路線のとき、双方で党の指示に従った結果、結果としてコミンテルン派路線を支持することとなった。毛は、不満であったと考えられる。

次に、会理会議でのことである。長征を開始した初め頃の一九三五年五月の中旬に、会理で党中央は会議を開いた。この会議では、劉少奇・楊尚昆の電文と林彪の中央軍事委員会あて書簡が議論された。

劉らの電文は、根拠地なしに作戦していることの問題点を述べたものと推定され、林の書簡は、

「毛、朱、周は軍と行動を共にしつつも、大計を主宰するようにし、前線の指揮は彭徳懐にまかせ、急ぎ北進して第四方面軍と合流すべきである」というものであった。

彭は軽い気持ちでいたようであるが、毛沢東は、

「林彪の書簡は彭徳懐同志がそそのかしたものだ。劉少奇・楊尚昆の電報もある。すべてこれらは、中央根拠地を失ったことに不満を持った右傾の気持ちの反映である」と述べた。

これに対し、彭徳懐は、

「誤解というものは、誰にもあるものだ。林彪の書簡は好意から出たものであろう。私は私の仕事を立派にやろう。これまで林彪と話したこともないし、劉少奇に話した内容も正当なものである。今ここで私が申し開きをしなくとも、将来彼ら自身が釈明するだろう」と考えた、と述べている。

そして、後日の廬山会議に至る二十四年の間に毛沢東は四回このことを口にしたが、私は釈明しなかった。どこかではっきり話しておくべきであった、と反省している(8)。

毛沢東は、お気に入りであった林彪がこのような提案を進んで行うとは考えることが出来ず、彭は軍事指導権を自分から取り上げようと思っているのではないか、と疑ったものと思われる。彭には全くそのような気持ちはなかったと思われ、毛沢東の一方的な誤解と疑念であり、猜疑《さいぎ》心の強い毛の性格の現れであったと考えられる。

延安時代にも彭—毛間でいろいろな確執があったようである。

廬山会議の行われていた最中、毛が彭の意見書を厳しく批判した後の五九年七月二十六日に、毛の部屋での幹部会合の席で彭徳懐は毛に向かって、

「延安であなたは私を四十日間罵ったのに、私があなたを二十日間罵るのはいけないかね」と暴言を吐いたとされる(9)。しかし、具体的に延安でどのようなことがあったか不明である。

日中戦争時、彭が指揮を執った一九四〇年の八路軍による百団大戦は、抗日戦以来最大の勝利とされる。彭徳懐の指揮の下、華北の主要交通線に大規模な奇襲をかけ日本軍に大きな打撃を与えるとともに、広範な地域にわたり解放区を奪回した。紅軍の戦闘は多くは遊撃戦であったが、百団大戦は正面から日本軍に挑んだ正規戦であった(10)。

しかし、この百団大戦も後に毛沢東から批判を受けた。毛沢東は、この勝利を当初喜んだと伝えられるが、後に批判したと言われる。この戦いにより共産党軍の実力を敵に知らしめ、日

本軍を八路軍のところまで引き寄せ、中国共産党の利益を損なった、と批判したと言われる。

また、「彭徳懐は独立王国をつくろうとしたのだ」と、異なる観点からの非難もした。[11] これは彭が百団大戦の開戦を軍事委員会の承認を待たずに行ったことを指していると思われ[12]、毛は彭が行動の前に党の指示を受けなかったことを問題視したものと思われる。彭に対する疑念は積み重なっていったと考えられる。

朝鮮戦争の第三次戦役の際、一九五一年一月十四日には、中共北鮮軍はソウルを解放し、米軍をソウルから三十七度線まで撤退させた。この時点で、毛沢東と彭徳懐の間で意見の相違が発生した。さらに南下を主張する毛沢東に対し、彭徳懐は軍の疲労回復のため休養が必要と主張した。毛沢東は、好機を逃すなと南進することを強く要求した。[13]

朝鮮戦争の間は、大局的な戦略指示はすべて毛沢東から出ていたが、戦闘の現地では彭徳懐が指令していたので、本部と現場の考えの相違が現れたものであろう。

また、彭は毛沢東に関して皮肉の言葉で、「戦争のやり方に関する自称専門家」「教条的な観点で戦争行動を見る一部の人」といった評を述べることがあった。[14]

二人は幾度も衝突し、とりわけ朝鮮戦争の際には、激怒した彭が警備の制止を振り切って毛の寝室に怒鳴り込み、軍事戦略をめぐって対決した。主席はこの老元帥を毛嫌いしていたとされる。[15]

一九五三年と五七年の二度にわたって、党中央軍事委員会の副主席・彭徳懐元帥が政治局の会議で、主席による文化工作隊の乱用問題を持ち出した。彭将軍は長征、対日抗戦、朝鮮戦争に参加した人民解放軍の元勲で剛直をもって鳴り、党内で毛沢東に直諫できる唯一の人物であった。彭は毛が皇帝のようにふるまって「後宮佳麗三千人」を擁すると非難した。その結果、文化工作隊は解体された[16]。

一九五六年の中共八全大会第一回会議で、鄧小平は党規約改正報告の中で個人崇拝、個人迷信に反対しなければならないと述べ、さらに党の八大規約の中から党の指導思想が毛沢東思想であるという部分を削除した。

提案したのは彭徳懐で、劉少奇と鄧小平が賛成した。これは大変なことであり、毛沢東は誰かが自分に反逆するのではないかと心配した[17][18]。

彭徳懐は、解放後他の同僚たちと違って、簡素でつつましい生活様式を守り、常に大衆と接する位置に身を置いていた。そのような生活態度を堅持している彭にとって、毛沢東に対する個人崇拝など考えられないことであった。

国防相になってから、軍の施設内に毛沢東の胸像を建てる案が出たとき、彭は「彼（毛沢東）は、一〇〇年も生きられはしない。将来撤去せねばならなくなるだろう」と、これを拒否した[18]。こういった言動が毛に伝わっていたとすれば、毛は不快感を抱いたものと思われる。

毛の別荘に小さなプールが出来たとき、政治局会議で、彭徳懐元帥が「主席の個人的な楽しみを助長するために国家の財政を使うのは反対だ」と発言し、毛はプールの建造費を国庫に返却した[19]というエピソードも残っている。

朝鮮戦争後の中国軍近代化路線についても、毛と彭の意見に相違があった。

彭がソ連の「核の傘」の支援を得ながら、軍の近代化・正規化を進めるべしとの考えであったのに対し、毛沢東は異なる考えを示した。戦略核兵器の独自開発を決断するとともに、人民共和国建国以来の「近代化・正規化軍事路線」を批判し、全民武装による人民戦争体制を軸とする毛沢東軍事思想に基づく軍隊建設路線に回帰する方針を打ち出した[20]。

五八年、大躍進と農村の人民公社化政策が鳴り物入りで推進されたが、彭はこれがソ連との関係を悪化させ、ソ連の援助による中国軍の近代化を遅らせるのではないかと憂慮した。また、軍隊が農業の労働力として動員されているため、十分な軍事訓練ができないことに不満を持った[18]。

彭は朴訥で歯に衣着せぬ男で、自分の頭で考える人であったので、そのためにイエスマンに取り巻かれていたい毛とはそりが合わなかった。そして、政敵に対する毛の偏執的恐怖と猜疑心の対象になっていた[21]。

一九五九年三、四月の上海会議で、毛沢東は彭徳懐について語っている。

「私という人間は大勢の者から憎まれている。特に彭徳懐同志は、私をひどく憎んでいる。ひどく憎まなくとも、いくらかは憎んでいる。私の彭徳懐同志に対する政策はこうだ。『人、我を侵さざれば、我人を侵さず。人もし我を侵さば、我、必ず人を侵す』彭徳懐同志一人だけではない、他の同志についても同じだ」

毛沢東の中では彭徳懐は言うことを聞かない人間であった[22]が、憎まれているとも思っていたようである。

この後、廬山会議が開催され、彭は毛から激しく批判されるが、毛沢東は、一九五九年七月三十一日～八月一日に招集した党政治局常務委員会（廬山会議の後半）で、彭徳懐の経歴を決算した。

三十一年間、共に仕事をしたが、彭徳懐と自分が協力したのは三分であり七分は協力しなかった、と言った。毛は、

「私と君の関係は協力三分の非協力七分。こんな割合だ。三十一年間ずっとこうじゃなかったかね？」と述べた。彭徳懐によれば、「私と主席の関係は五分五分だ」と言った。そして「三分七分」「五分五分」の言い合いがあったと言われる[23]。

毛は、二人の仕事上の不一致を理論、路線上の問題として取り上げ、過去の路線闘争の中で彭徳懐の取った立場を精査し、抗日戦期の百団大戦も彭徳懐の重大な罪だ、とした。そして、共に北京にいながら十年間に九回の電話しかなく、一年に一回もない、彭は自分と疎遠であり、事前の伺いや事後の報告も少なすぎる、と述べた。

七月十四日の手紙（いわゆる意見書）に対しては、

「これまで重大なときに、君は手紙をよこしたことはないのに、何故今回、長い上奏文を書い

たのか」

「プチブルの熱狂性と言ったが、これは主として中央指導機関に向けたもので、省に向けたものでも、まして大衆に向けたものでもない。それが私の見方だ」

「手紙は準備して発表されたものだ。それによって大衆を味方に引き入れ、隊列を組み、自分の顔で党と世界の改造をするつもりだった」

「総路線を修正するというが、君には別にしたいことがある。君という人間は野心家で、一貫して野心を持っていた」

「ずっと自分の顔で党を改造しようとしていたが、時期が到来しなかった。今回、外国から経験を学んだのだ」

「君は右翼的日和見主義者だ。手紙の後半部に従えば、指導者と党はダメだということになる」

と述べた[24]。また、

「第一回~第三回の反包囲討伐と反張国壽路線では協力したが、いつも彼には異論があった。抗日戦争の時期には、全く異なるやり方を採った。朝鮮戦争のときにも、ある問題では協力してこなかった」と述べた[25]。

以上は、彭徳懐が失脚した廬山会議前後に、毛沢東が彭徳懐との関係を述べたものである。廬山会議前後であり、毛が彭を追放しようと考えていた時期であるので、誇張して不満を表したのであろうと思うが、悪意を感じる。

一九六五年九月二十三日、毛沢東は、彭徳懐に電話をかけ、直接面会の機会を持った。毛沢東は、中南海の宿舎前で出迎え握手した。毛は、「あんたって奴は、普段はやって来ないで、手紙ときたら随分長い間よこさずにいて、いざよこせば数万語だ」「廬山会議はもう過去になった。歴史のことだ。今になって思えば、真理はあんたの側にあったのかもしれない」「あんたについて、どうも批判をしすぎ、間違ったようだ」と述べ、翌日の昼食に劉少奇、鄧小平、彭真などの人々とともに彭徳懐を招いて食事をした[26]。毛沢東は、文革直前に彭徳懐を中南海に呼び、廬山会議を回顧し、「道理は君の方にあったかもしれない」と謝罪している[27]。

このように見ると、彭と毛の間には、肯定的事象もあったが、多くの否定的事象・確執があったことが分かる。

毛沢東は、政治家、軍事戦略家であり思想家でもあり、まさに現代中国の巨人である。毛は常に党の中心あるいは頂点にあり、党の戦略を考え中国革命をリードしてきた。その結果、党の最高位に就き、まさに独裁的で自己の無謬性に自信をもって党を指揮していた。そして、自己の路線に反する者に対しては容赦なく対決し、失脚または自己批判に追い込み、自己の路線を守ろうとした。

それに対し、彭徳懐は優秀な軍人であったが、思想面、政治面では不十分で、毛沢東とは比較にならなかった。しかし、彭徳懐の人間的信条として毛の独裁を認めない姿勢をとり続けた。また、人間的にも相互に認識のずれがあったようである。彭は毛に対し親近感を持ち、兄弟に親しくするような接し方で親愛の情を示したが、彭が毛を思うほど毛は彭を思っていなかったであろう。

毛から彭を見ると「使える人間」だが「小うるさいやつ」との印象を持っており、戦役に役立つ駒としか見ていなかったのではなかろうか。そして、彭を好いていなかったように思える。

一方、彭は毛を尊敬していたと思える。革命家、戦略家としての毛沢東の能力は抜群であり、彭徳懐はそれを十分承知し、十分な敬意を払っていた。毛沢東の意見は絶対であった(28)。そして、党＝毛主席への従順な姿勢を常に持っていた。

廬山会議で徹底的な仕打ちを受けたにもかかわらず、後日執筆した『自述』の記載から分かるように、廬山会議後も卑屈なまでの姿勢で、なお毛沢東を尊敬し敬慕する態度を変えなかった。

2　毛沢東以外の党幹部との関係

当時の幹部として、林彪と党政治局常務委員らの廬山会議での対応を中心に記載する。

①林彪

一九〇六年生まれで、彭より八歳ほど若かった。朱・毛と早い時期から一緒に戦い、抗日戦および国共内戦で顕著な活躍をし、毛の評価は林の方が彭よりも高かった節がある。建国後は健康を理由に活動の機会があまりなかった。

林彪は、廬山会議で彭徳懐が窮地に陥ったのを聞きつけ、途中から廬山会議に参加し激しい彭徳懐批判を行った。

廬山会議閉会の直後、一九五九年八月十八日、北京で中央軍事委員会拡大会議が開かれた。大軍区指導者は一人を除いて全員が参加、各軍区司令員・政治委員など軍関係幹部がほとんど集まった、一〇七〇人の会議であった。

そこで林彪は彭徳懐を非難し、罵詈雑言《ばりぞうごん》を浴びせ、特に彭徳懐が「ソ連と内通」し「軍事倶楽部を組織」して「党を分裂」させ「毛主席の下野を画策した」と執拗に追及した。[29]

林彪は、毛沢東と同様、中国の兵家の権謀を深く理解しており、毛沢東の謀略がはるか遠くにあるのだということを見透していた。

「彭徳懐の功績が大きければ大きいほど、握る権力が大きければ大きいほど、ますます安全でなくなる。ほんの些細《ささい》な間違いでもしでかせば、すぐさまお陀仏だ」と考えていた(30)。

林彪は、彭徳懐が先に国防相になったことに大いなる不満を抱えていたと思われ、廬山会議は「チャンス来たり」の気持ちであったであろう。林彪にとって大躍進の問題などどうでもよく、彭への同情などなかった、と考えられる。

②劉少奇
劉少奇は一八九八年生まれで、彭徳懐と湖南省の生まれの同郷で同年代であった。彭徳懐とは一九三五年に初めて会っている。

彼は大躍進の問題性に関しては心の底では彭徳懐と同じ考えを持っていたにもかかわらず、廬山会議とその後は毛沢東の立場に寄り、彭徳懐を非難した。林彪と一緒に毛沢東にゴマスリを行ったのである。

廬山会議の七月三十一日と八月一日の常務委員会の席上で、五六年の第八回党大会での諸決議に言及した。この大会で毛沢東思想を八大規約から削除し、個人崇拝反対の決議をしたが、劉少奇はそれに賛成したにもかかわらず、その責任を彭徳懐に押しつけた。さらに、西楼で会議を開いたとき『東方紅』を歌わないように何度も提起し、「毛主席万歳」を叫ぶことに反対した、と彭徳懐を貶めた。[31] 劉少奇の人間性と政治性の乏しさを感ずる。

その後、餓死者の増加など大躍進の進捗が思わしくないため、経済の改善を行おうと考えた。六二年一月の七〇〇〇人大会に続き、「西楼会議」（一九六二年二月中央政治局拡大会議）で厳しい情勢を確認し、同年に「五月会議」を開催した。

そして、非常時の緊急措置をまとめ、同時にここ数年間に批判や処分の対象となった彭を含むいわゆる右傾党員を審査し、彼らの名誉回復をすることを試みた。しかし、毛に一蹴され成功せず、むしろ劉が文化大革命で失脚する原因の一つとなった。

一九三五年の遵義会議の後、彭徳懐の指揮していた第三軍に政治委員として劉少奇が来たとき、三軍の課題や方針について、彭徳懐が説明した。

劉少奇は、彭の説明に自分の考えを加えて紅軍の再編成に関する提案を作成し、楊尚昆と連名で電報を党中央に打った。このとき、彭は署名を求められたが、署名しなかった。

この電報が会理会議の席で毛から批判的指摘を受けた。このことが劉少奇の心にどのように影響したか不明であるが、毛から指摘を受けたことで彭に対する不信のようなものが残った可能性がある。

③周恩来
周恩来は一八九八年生まれで、彭と同年代である。周には彭徳懐を恐れる個人的な理由があ

った。黄克誠が、

「何年も前に彭は周について、脆弱《ぜいじゃく》な政治家で、あらゆる要職から身を引くべきだと言った」と暴露している。(32)

盧山会議において、情勢については彭徳懐と似通った考えを持っていたが、会議の期間中は、あらゆる手を尽くして毛沢東に迎合した。そして、彭と行った会話で、

「盧山会議を苦難を訴える会議にし、参加者が誤解してやる気をなくしたら良くない」と発言し、彭徳懐が、

「あなたたちは本当に世渡りにたけている。海千山千だ」と嘆いたやり取りが記録されている。(33)

周は、反冒進の自己批判以来、毛には徹底して追随する姿勢であった。

④朱徳
朱徳は一八八六年生まれで彭より十二歳ほど年配であった。彭徳懐とは三十年来の戦友であり、お互いを知り抜いている。長い革命の期間、紅軍では朱が司令で彭が副司令であり、正副の関係で過ごしてきた。

朱徳は毛沢東とも長年共に行動し、毛をよく知りぬいており、毛より七歳年配であったが、臣下の礼をとった。新しい王朝が出来ればどうなるかを古代文献から知っており、「戦いが終

われば勇猛な将は不要になる」と考えていた。彭徳懐には朱徳のような教養と思考はなかった。

朱徳は大躍進の問題点について彭と同様な考えであったと言われる。(34) しかし、彭の意見書に対しては、

「欠点、過ちを大きく言いすぎている。彭総司令の特徴は、自分の意見に固執しやすいことだ。間違っているなら、批判を受け入れ誤りを改めるべきだ」と述べ、八月四日の遅れて廬山に来た人々への説明会では、

「現在、毛主席は健在であり、毛主席に反対し、毛主席に地位を譲らせることは誰も賛成しない。徳懐同志が総路線に対し動揺したその最も基本的な問題は、民衆を知らず、党を知らないことである」と述べた。(35)

朱徳は彭徳懐の意見書を間違っているとは思っていなかったと思われるが、毛沢東に反抗することは間違いだ、と言ったものと考えられる。

結論として、彭は孤高で、これら幹部と必ずしも良い関係になく、幹部の中では孤独であったと思われる。

これら幹部は、大躍進の問題については彭の指摘に同意するものの、誰も彭徳懐に協調する気配はなかった。皆、毛に逆らわない対応を優先していた。

彭は、これら幹部の中で孤立状況にあったであろうと考えられる。

【注】

（1）『毛沢東　大躍進秘録』楊継縄著（伊藤正、田口佐紀子、多田麻美訳）、文藝春秋、二〇一二年、二五五頁
（2）『彭徳懐自述　増補版』彭徳懐著（田島淳訳）、サイマル出版会、一九八六年、二八〇～二八一頁
（3）同右、三二六～三三八頁
（4）『中国史の目撃者』ジョン・ロドリック著（山田耕介訳）、TBSブリタニカ、一九九四年、六十二頁
（5）前出、『彭徳懐自述　増補版』二一〇～二一三頁
（6）「彭徳懐―朝鮮戦争で貫録を増した中共人民軍副司令」世界週報34（21）、一九五三年、四十七頁
（7）同右、二五四～二六〇頁
（8）前出、『彭徳懐自述　増補版』二六六～二七二頁
（9）『廬山会議―中国の運命を定めた日』蘇暁康、羅時叙、陳政著、毎日新聞社、一九九二年、二九四～三〇〇頁
（10）前出、『彭徳懐自述　増補版』三一四～三二三頁
（11）「毛沢東にあてた彭徳懐の『意見書』一九五九．七．十四」世界政治―論評と資料（581）、五十三頁
（12）前出、『彭徳懐自述　増補版』三一七頁
（13）『現代中国の軍事指導者』平松茂雄著、勁草書房、二〇〇二年、二十二～二十三頁
（14）『毛沢東の大飢饉』フランク・ディケーター著（中川治子訳）、草思社、二〇一一年、一五一頁
（15）『ザ・コールデスト・ウインター　朝鮮戦争　下』デイヴィッド・ハルバースタム著（山田耕介、山田侑平訳）、文藝春秋、二〇〇九年、二四八～二四九頁
（16）『毛沢東の私生活　上』李志綏著（新庄哲夫訳）、文藝春秋社、一九九四年、一三二頁
（17）「チャイナ・ラビリンス（89）中央政治局会議のあれこれと彭徳懐の『万言書』」高橋博、東亜（531）、

二〇一一年九月、九十四〜一〇三頁
(18)「廬山の詩」川上周、アジアレビュー、一九七七年春、一八四頁
(19)『毛沢東の私生活　上』李志綏著（新庄哲夫訳）、文藝春秋社、一九九四年、一八二頁
(20)前出、『現代中国の軍事指導者』三十五〜三十八頁
(21)『中国史の目撃者』ジョン・ロドリック著（山田耕介訳）、TBSブリタニカ、一九九四年、一〇二頁
(22)前出、『毛沢東　大躍進秘録』二五三頁
(23)前出、『廬山会議―中国の運命を定めた日』三一四〜三一七頁
(24)前出、『毛沢東　大躍進秘録』二九六〜二九七頁
(25)前出、『廬山会議』三〇六頁
(26)同右、三七六〜三七七頁
(27)「毛沢東が権力『完全掌握』に成功した『廬山会議』、その秘密」DECIDE　NO．292、二〇〇九年五月、二十一頁
(28)前出、『現代中国の軍事指導者』五十一頁
(29)同右、五十四〜五十五頁
(30)前出、『廬山会議』二五八〜二五九頁
(31)前出、『毛沢東　大躍進秘録』二七六〜二七七頁
(32)前出、『毛沢東の大飢饉』一五九頁
(33)前出、『毛沢東　大躍進秘録』二七八〜二八〇頁
(34)前出、『廬山会議』一四八〜一四九頁
(35)前出、『毛沢東　大躍進秘録』二八二〜二八三頁

第三節　彭徳懐失脚の要因

1　一九五〇年代の毛沢東の権力

彭徳懐の失脚は、「最高権力者の毛沢東に逆らって斬られた」のであり、毛沢東の当時の権力状況について理解しておくことが、彭の失脚の原因を考えるのに重要である。

毛が全党的な権力を手に入れたのは、一九四三年三月である。中央政治局がすべての重要な問題を決定する、毛沢東を政治局主席とし、彼は書記処会議の最終決定権を持つ、と政治局会議が決めた。

建国後の毛のリーダーシップは、五〇年代初めから劉少奇、周恩来などを圧倒していた。五三、五四年の高崗・饒漱石事件が毛への権力集中の重要な契機になったようである。

毛は、「中央の名義で出す文書、電報はすべて自分が見てから初めて発出できる。そうでなければ無効である」と言い、また中央会議の決議、文書にもすべて目を通すと指示した。五三年には毛が中央のすべてを掌握することに成功している。

毛沢東の「専断」が独裁に変わるのは、五八年大躍進の時期である。薄一波によれば、毛は誤りを犯したとき、自分が正すのは良いが、人から正されるのは我慢ができなかったと言う。[1]

毛の側近の主治医の述懐によれば、

「一九五六年になると、主席がある種の悩み、未だ初期段階の政治的不安感にとらえられているのを感じた。振り返るとこの年がまさに転換点であった。十年後に中国を大規模な政治的激動に巻き込む種がこの年に生まれたのだ、という気がする」と。

毛は自分のリーダーシップだけが中国を救済かつ改造できることを信じて疑わなかった。[2]

一九五六年には、フルシチョフによるスターリン批判が行われた。このことは、強大化する毛沢東の権力をおそれ、かつての集団指導体制の復活を望む人々に格好の攻撃材料を与えた。

一九五六年九月の第八回党大会では、党規約から毛沢東思想という言葉が削除され、集団指導体制の原則が称賛され、個人崇拝は非難された。提案したのは彭徳懐で、劉少奇と鄧小平が賛成した。

これは大変なことであり、毛沢東は誰かが自分に反逆するのではないか、と心配した。[3]毛は自分を排除しようとしていると確信し、自分の権力を削減しようとする陰謀と見たのである。[4]

また、毛沢東が農業集団化を加速するなど政策を急進化しようとしたのに対し、周恩来や陳雲は、「冒進」としてそれを止めるよう求めた。毛は、こうした動きを自分に対する挑戦と受け取り、一九五六年に、百花斉放運動に乗り出し、右派分子をあぶりだそうと試みた。

百花斉放運動は、一九五七年六月に挫折したが、毛は経済停滞の背後にこの右傾保守主義があると考え、同年九月の中共第八期八中全会で「反冒進」を批判して、「多く、早く、立派に、無駄なく」の総路線を打ち出した。

毛沢東はソ連に対し厳しい見方を持っていた。スターリンは必ずしも中国を助けてくれなかったし関係も必ずしもうまく行っていなかったが、五六年のスターリン批判を行ったフルシチョフに対しても許しがたく思っていた。

この後、毛が自国の共産党幹部に非常な不満を抱いていることが見えてきた。幹部が行っている多くの施策がソ連への追随、非創造的模倣である、と見なした。

以降、毛は「ソ連の真の狙いは、我々を支配することだ。が、それは甘い考えだ」と述べ、反ソの立場を持ち続けた。一九五八年にフルシチョフが北京を訪問したが、冷たい対応をして、フルシチョフはわずか三日で帰国することになった。(5)

五七年には大躍進を仕掛けた。一九五八年から開始した第二次五か年計画において、粗鋼、石炭、綿花、食糧大増産計画が立てられ、近代的な大工業を推進するのと並行して、全国農村で農業生産運動を推進する二本足路線が行われた。また、人民公社が作られた。

一九五八年一月の南寧会議、および同年三月の成都での政治局拡大会議で、周恩来らは「反冒進」を自己批判し毛沢東に忠誠を誓った。

一九五八年五月、中国共産党八全大会第二回会議では、毛沢東の提出した「大いに意気込み、常に高い目標を目指し、多く早く立派に無駄なく社会主義を建設する」総路線が承認され、「社会主義建設の総路線」「大躍進」「人民公社」の「三面紅旗」のスローガンが打ち出された。そして、一九五八年八月の北戴河会議以降、大躍進の熱気が全国を席巻した[6]。

毛沢東が次期国家主席を辞退することを表明した八期六中全会（武昌会議）が、一九五八年十一月に開かれた。この会議後「毛の国家主席辞任」が発表されている。大躍進、人民公社運動の失敗の責任を取ったと考えられている。

国家主席には劉少奇が就任したが、実権は共産党主席の毛が握っており、劉少奇にできることは限定的であった。

この会議で西北地区グループに参加した彭徳懐は、一九五八年の食料と綿花の生産高の公表に関する討論で、ある人間が五億トン以上だと言うと、そんなに多くないと言った。

武昌会議が終わると、彭徳懐は湖南の視察に出かけ、食糧生産高は公表の数字ほど多くないと感じた。平江県では数字のでっち上げ状況があることを知り、また湖南視察では農民が飢えている情況を知った。

農民たちの悲惨な生活、幹部たちの乱行や悪事を、彼は湖南省の故郷で自分の目で見た。それゆえ、廬山で良心に背き声をあげずに済ますわけにはいかなかった。

一九五九年、東欧訪問の後、六月十三日に北京に帰ると、彭徳懐は内部資料を真剣に読んで、深刻な状況だと認識したところに丸をつけて主席に送った。その量は膨大であった。当時多くの部署（党学校、軍の一部の幹部、国務院秘書庁幹部など）からの三面紅旗に対する批判は多く、毛沢東も批判の資料を受け取っていた。

一九五九年六月十二、十三日、北京中南海で開かれた政治局拡大会議の席上、毛沢東は一九五八年の誤りについて自己批判をした。

「昨年（一九五八年）、私には少なくとも三つの過ちがあった。第一、計画が大きすぎ、指標が高すぎた。第二、権力を下に移しすぎた。政策も混乱したくさんの金も使った。第三、公社化を急ぎすぎた」と述べている（以上の経緯の詳細は、第一章第三節を参照願いたい）。

このように、毛沢東の独裁的権力が、徐々に蝕《むしば》まれる状況が続いていた。毛はこのような状況を反転させなければならないと考えていたと思われ、廬山会議を、この形勢転換を図る機会にしたいと考えていたと推察される。

ここで毛沢東の独裁者としての性格について、毛沢東の主治医として側にいた李氏の回顧の記載を引用しておく。

「毛沢東には友がなく、通常の人間的な接触から孤絶していた。毛沢東には人間的な感情が欠落（いうなれば冷血漢）しており、したがって愛することも、友情を抱き、思いやりを抱くこともできないのであった。

毛は『二十四史』を愛読した。歴代皇帝に己を擬して、目的を達成するためならば、どんな冷酷かつ専制的な方法を用いることも辞さない気であった。毛が最も賛辞を惜しまなかった皇帝は殷王朝の三十代皇帝・紂王であった。秦の始皇帝も毛の気に入っていた皇帝である。主義主張よりも忠誠心が最高の美徳であった。

臣従者に毛は全面的かつ無条件の忠誠を要求した。他の人に情愛を抱くことができなかった人間であるだけに、人々からそのような感情を決して期待しなかった。毛は全面的に自分に同意しなかった人々を退けるのにいくらでも冷血になれる。

『毛沢東はすさまじい癇癪《かんしゃく》持ちなのよ。ほんのちょっとした挑発的な言動で、いくらでも相手を容赦なくいびれる人なのよ』との任弼時未亡人の言葉も残っている。ときとして主席と意見を異にした最高指導部の者が追放されずに済んでも、毛はその怨恨を決して忘れず、将来忠誠心が薄れたときを見計らって一瞬の躊躇もなく切り捨てた」

周恩来は毛の性向を熟知していたらしく、その忠誠心には一点の曇りもなかったが、劉少奇や林彪はそうした心掛けが欠けており、退けられる羽目に至った。(7) 彭もそのような一人であったと考えられる。

2　彭徳懐失脚の原因

廬山会議で彭徳懐他が毛沢東から攻撃され失脚に至ったが、その原因について考える。まず、文献に記されている見解を記述する。

毛沢東は、死後に屍《しかばね》を鞭《むち》打たれるのが心配だという意味のことを述べていた。一九五六年の中共八全大会の結果を見て、毛沢東はフルシチョフがスターリンに反逆したのと同様に、誰かが自分に反逆するかもしれないと心配したのである。

盧山会議で彼が示したのは、彭徳懐が彼に反逆するかもしれないという猜疑心であった。中国共産党の党内政治生活は正常でなく、民主的な雰囲気は形成されていなかった。特に毛主席の威信がますます高まり、最終的に彼が神になったとき、彼の言葉に誰も反対できないほどになっていた(3)。

盧山会議前の毛沢東の心情は複雑であった。毛は、一九五八年は負け戦であり、誤りを正さねばいけないと考えていたし、最悪の場合、指導者の地位を失うかもしれないと恐れていた。

彼は路線が間違っていたと言われることを最も恐れていた。間違った路線のボスは誤りを訂正することはできず、政権を離れるしかなかった。つまり、盧山会議の前の毛沢東は落ち込んでいたばかりでなく、苦痛、焦燥感、不満を抱いていたと思われる(8)。

平松は、毛沢東は軍が彭徳懐に同調することを恐れていた、と述べている。盧山会議で軍隊が彭徳懐に同情するようなことがあれば、

「私は農村に行って、農民を率いて政府を覆す。諸君ら解放軍がついてこないならば、私は紅軍を探しに行く。解放軍は必ず私についてくる」と熱弁を振るった(9)。

確かに、当初盧山会議に来ていなかった黄克誠参謀長を北京から盧山に呼んだのは、すでに彭徳懐を叩くことを決意していたとともに、万一軍が彭の考えに同調し立ち上がる危険を除去

するとともに一緒に叩き、一網打尽にしてしまおうと考えていたのではないか、と推測される。

毛里は、五九年の廬山会議で彭徳懐らを切ったのは、彭が毛に宛てた手紙の中身が問題だったからではなく、彭が不可侵の権威に異議を申し立てたからである、と述べている[1]。

林彪は「廬山会議の本当の狙いは、毛沢東に対する個人崇拝を意図するものであった」と述べている[10]。

毛沢東は、廬山会議で過去数年間で少し陰りの出た専断権限と個人崇拝を、再度取り戻そうと考えたのであろう。その目的のために、彭徳懐と関連メンバーを一網打尽に除去してしまおうと考えたと思われる。

五〇年代半ばに、毛の専断体制が確立して以降の経過の中で、周恩来は反冒進で自己批判し毛に忠誠を誓った。劉少奇も国家主席につけたことで反抗の芽は摘まれている。しかし、彭徳懐は、依然として毛に従わない傾向にある。機会がある折、叩き潰しておきたいと考えた存在であったと思われ、彭は毛のターゲットになっていたと考えられる。

毛から見て、彭は何かと反発し、自分に従わない危険人物になってしまった。ソ連との関係でも彭がフルシチョフに褒められたりするという、毛にとっては気に入らない事象もあった。

一方、彭徳懐は、大躍進運動の結果生じている問題を懸念し、毛沢東に事前に問題指摘をするとともに、廬山会議でも問題点をストレートに指摘した。だが彭徳懐には問題点を指摘することで毛の権威に逆らうといった意図はなく、毛が指摘を受けて改善の方策を打ってくれればという願いのもとに行った、と思われる。

彭徳懐は、劉少奇や周恩来のように長い物に巻かれる姿勢を取らなかった。彭徳懐の人生とプライドにかけて、そのような姿勢はとれなかったのであろう。

その結果、真正面から毛沢東にぶち当たり、徹底的に粉砕される結果となってしまった。もう少しうまく処理する（世渡りする）方法はなかったのだろうか、と思う。

ジョン・ロドリックの記載では、

「彭はその独立不羈《ふき》の姿勢、毛の無謬性の否定、この偉人にも重大な過ちがあったという後年の頑固なまでの主張が災いして、仲間の党員から孤立していった」と述べている(11)。

綜合《そうごう》して考える。彭徳懐の失脚の原因は、「毛沢東の個人独裁維持への強い意志と彭という人物への懸念」という毛側の要因と、「彭が毛沢東という人物を理解し、政治的な行動をすることができなかった」という彭側の要因の双方が作用した結果ではないか、と考える。これまでは、毛側の要因が取り上げられているが、彭側にも要因があったことを強調したい。

彭徳懐は、廬山会議で大躍進の問題点を指摘することで毛沢東を陥れようなどとは考えていなかったであろう。問題点を指摘することで毛沢東が大躍進を修正してくれればと願って問題指摘をしたのであろう。東欧から帰って、彭の把握した大躍進の問題点を毛に送っており、廬山会議に入っても現地視察した実態を指摘し続けた。

彭徳懐は廬山へ行くのが気が進まない、と述べていたと言われるが、毛沢東との軋轢《あつれき》が生ずることを予感していたのではなかろうか。廬山で意見書を書くのをさんざん迷っていたのも、毛との軋轢が発生することを懸念していたからであろう。

しかし、彭徳懐の性格から、直截に問題指摘することを止められなかったものと思われる。毛沢東が問題を受け取って、問題修正に行動してくれるのでは？　との甘い期待があったのであろう。

しかし、毛沢東は彭の期待するようなお人好しではなかった。毛沢東は、大躍進の失敗を契機に自分の最高権力を侵害される恐れを抱き、どのようにこの難局を乗り切るか考えていたに違いない。大躍進批判の高まりを警戒する中で、彭徳懐を生贄として斬ることを決心したと思われる。

廬山会議前に入ってきた情報に加え、廬山の神仙会での彭徳懐の批判発言情報を知り、状況を自分の側に転換するために、七月二十三日の講話を用いたと思われる。

彭徳懐は一本気なだけに批判は続けるだろうし、賛同する人間を伴って大躍進批判のグループを形成する懸念が全くないではない。万一そうなるとやっかいである。この際、以前から何かと自分に反抗する彭徳懐を斬り、同時に大躍進批判を通じた毛沢東の地位喪失への懸念を完全払拭しようと考えたのではないか、と思われる。

彭徳懐は前節に述べたように、毛沢東との数多くの確執を経ても、依然として毛を兄貴分と考え、困ったときには助けてくれるのではないか、と期待していたと思われる。

彭は軍人であり命令（党）に忠実であった。そして、党の実権者であり上司である毛沢東に対して忠実で尊敬の念を持っていた。それは、廬山会議での「意見書」をはじめ「自己批判」や後に執筆した『自述』すべてに現れている。

毛から批判の的にされた意見書も実にへりくだって書かれている。自己批判や自述に至っては、あれだけ酷い仕打ちを受けたにもかかわらず、必要以上に卑屈な表現で毛沢東への尊敬を表している。

彭徳懐は、明るく一本気で民衆を愛する好人物であるが、やはり「軍事専門バカ」であったと言わざるを得ない。軍事には非常に長けていたが、政治的思考と政治力は乏しかったと考えられる。

共産党幹部、特に毛沢東との人間関係の処理は不器用であった。あれだけ自分を嫌っていた毛を好意的に信じ続け、毛の専制君主としての本心を理解できていなかったのではないか、と思う。

一方、毛沢東の側から、廬山会議で彭とそのグループを斬る方針に決した理由は、「自分の権威にたてついた（毛里）」「反毛沢東軍事グループを警戒した（平松）」が述べられており、それぞれ適切と考えるが、やはり彭という人物への懸念が大きかったのではないだろうか。

長年自分に楯突いて気に入らない奴、今回も大躍進の失敗をついてくるいやな奴、との思いがあったであろう。また、彭がフルシチョフに気に入られていたこと、そして軍のトップとして軍を掌握していたことから、軍とソ連の何らかのつながりで反毛沢東の行為が生ずる恐れを一抹持っていた可能性もある。

毛沢東は、彭徳懐（と関連グループ）を斬る、と決めたら、きわめて慎重に手順を踏んで追い詰めていった。

彭徳懐国防部長を頂点とする当時の軍幹部は、朝鮮戦争で成果を上げた面々で構成されており、NO．2の黄克誠総参謀長は、廬山会議開始時には北京にいたが、彭徳懐を斬るときに北京で反乱を起こされる懸念を払拭し同時に処断するために、毛の講話前に廬山に呼んだと考えられる。

神仙会を通じて誰が彭とグループを組む可能性があるかを考えて、張聞天、周小舟も併せて同時に排斥することを決めたと思われる。「軍事グループ」というのは、彭、黄を中心としたグループの意味であったであろう。

毛沢東は、きわめて慎重に戦略的に考え、準備した上で廬山会議を迎え、彭とその同調者を退けた。毛は、彭が自分を排除する行動を行うかもしれない、と一抹の懸念を持っていたと思われるが、彭徳懐は、政治的戦略無しに廬山会議に入った。

彭徳懐は、毛沢東なる人物を知り、廬山会議前の毛沢東の焦燥と独裁志向を読んで、つぶされずに生き延びる方策はなかったのだろうか。一度批判を控え、当面の毛の嵐をやり過ごして次の機会を待つといった戦略を取ることは、彭徳懐には無理であっただろうか、と悔やまれる。

廬山会議の後、大躍進の弊害が顕著化し餓死者の大量発生する中で、劉少奇と鄧小平が経済立て直しに活躍する時代が文化大革命発動の前にあるが、劉、鄧あたりと政治的に連合できていれば事態も変わったかもしれないと思う。

しかし、彭徳懐の短兵急な性格、連帯できる幹部の友人を作って来なかったこと、および政治力が未熟であったことから、生き延びるのは無理であったであろうと考えざるを得ない。

その点、鄧小平には政治力があった。そして、周恩来との絆を保っていた。後年上手に立ち回り、時間をかけて、毛に再活用される状況を作った。その結果、毛の死後、中国を牽引する存在となった。(12)


【注】

(1)『原典 中国現代史 第一巻 政治(上)』毛里和子、国分良成編、岩波書店、一九九四年、十~十一頁
(2)『毛沢東の私生活 上』李志綏著(新庄哲夫訳)、文藝春秋社、一九九四年、一五六頁
(3)「チャイナ・ラビリンス(89)中央政治局会議のあれこれと彭徳懐の『万言書』」高橋博、東亜(531)、二〇一一年九月、九十八~九十九頁
(4)前出、『毛沢東の私生活 上』二五五~二五八頁
(5)同右、一五七~一六四頁、三六六頁
(6)『毛沢東 大躍進秘録』楊継縄著(伊藤正、田口佐紀子、多田麻美訳)、文藝春秋、二〇一二年、二四八

～二四九頁、二五五～二五六頁

（7）前出、『毛沢東の私生活　上』八十九、一六六、一六八、一七三、一七五頁

（8）同右、二四七頁

（9）『現代中国の軍事指導者』平松茂雄著、勁草書房、二〇〇二年、四十九頁

（10）『廬山会議―中国の運命を定めた日』蘇暁康、羅時叙、陳政著、辻康吾監修、毎日新聞社、一九九二年、四一六頁

（11）『中国史の目撃者』ジョン・ロドリック著（山田耕介訳）、TBSブリタニカ、一九九四年、一〇四頁

（12）『鄧小平　政治的伝記』ベンジャミン・ヤン著（加藤千洋、加藤優子訳）、岩波書店、二〇〇九年、一九〇～二一九頁

おわりに

中国革命の成功に大きな貢献のあった偉大な軍人の生涯を調べ、その貢献と限界を知った。その民を思う心、人間性、品性、勇気に感銘を受け、このような人物が存在したこと、およびその中国革命への貢献を明示的に歴史に残す価値があると考える。

何しろ、蔣介石軍との闘いから長征を経て、陝西省根拠地での闘い、抗日戦争・百団大戦、朝鮮戦争の勝利、そして中国人民解放軍の遊撃戦から近代化に向けての努力など、軍人として果たした貢献はあまりにも大きい。

このような貢献が、失脚という結末で消えるものではない。巨大な毛沢東に押しつぶされたが、彭徳懐の残した影響と教訓を記して終わりたい。

一　彭徳懐が残した影響

1　中国共産党の権力への影響

毛沢東は廬山会議で彭徳懐ほか四名を失脚させた後、やがて文化大革命を発動し、劉少奇および鄧小平を追い落とした。毛が専制を強化し頂点に達して行く過程であり、廬山会議が文化大革命の引き金を引いたと言われる所以《ゆえん》である。

一九七一年には林彪もクーデターを試み、失敗して飛行機で逃亡したが、墜落して死亡した。そして、四人組が登場し国を混乱に陥れた。いずれも皇帝のようになった毛沢東の専制と個人崇拝の生んだ結果である。

残った幹部は周恩来だけであった。多くの幹部の継続的失脚は、彭徳懐事件の繰り返しとも言える。

一九七六年の毛沢東死去、そして四人組逮捕を経て、ようやく鄧小平が本格的に復権し、毛沢東の独裁の弊害を反省する時期が訪れた。

彭徳懐は、その死の四年後の一九七八年にようやく名誉回復された。劉少奇も一九八〇年に名誉回復された。毛の死後、中国を指揮する立場となった鄧小平の認識をいくつか引いてみたい。

一九七八年の彭徳懐同志追悼会での鄧小平の追悼の言葉(1、資料1)には、

「党と人民を熱愛した彭徳懐同志は、偉大なプロレタリア革命の事業に忠実であった。作戦に当たっては勇敢であり、また気骨に富み清廉であり、己を律することは厳しく、大衆に関心を寄せ、個人の得失はまったく度外視した。困難をおそれず、進んで重責を担い、革命の仕事に対してはきわめて勤勉で、責任感にあつかった。……彭徳懐同志の革命精神と高い品性に学び、我々は毛沢東思想の偉大な旗印を掲げ、……社会主義の現代的強国建設の加速化のために勇躍して前進しよう！　彭徳懐同志の名は永遠に不滅である」とある。

一九八〇年に「建国以来の党の若干の歴史問題に関する決議」起草に対する鄧小平の意見の記録がある。(2)これは八一年の共産党創立六十周年を機に過去の振り返りを試みたものであるが、毛沢東の独裁に対する反省が述べられている。

その中で、

「総じていえば、一九五七年以前の毛沢東同志の指導は正しかったが、一九五七年の反右派闘争以降になると、誤りがますます多くなった。……盧山会議での彭徳懐同志の意見は正しかったし、彭徳懐同志に対する処分は完全に誤っていた。……大躍進の際、毛沢東同志はのぼせていたが、我々ものぼせていなかったであろうか。劉少奇同志、周恩来同志や私（鄧小平）も反

対はしなかったし、陳雲同志も何も言わなかった」と記載している。

そして、一九八一年の党の正式決議(3)において、

「『彭徳懐、黄克誠、張聞天、周小舟らの反党集団』に関する八期八中全会の決議は完全に誤ったものであった。……毛沢東同志は『文化大革命』で重大な誤りを犯したとはいえ、その全生涯から見ると、中国革命に対する功績は、過ちをはるかにしのいでいる」と述べている。

ここに述べられた認識が、少なくとも一九八〇年頃の鄧小平を中心とする中国共産党指導部の認識であろう。すなわち、彭徳懐の生涯は正式に肯定的に総括されている。また、彭徳懐紀念館には「彭徳懐同志故居」と鄧小平の揮毫が掲げられており、名誉回復の言葉と共に、鄧小平が彭徳懐を高く評価していたことを示している。

同時に、毛沢東の評価も上記のように「功績は過ちをしのぐ」と評価され、毛沢東思想は依然として中国共産党の旗印である。このような認識は現在の中国指導部においても基本認識であろうと推測される。

また、彭徳懐の推進した人民解放軍の近代化への改革は、鄧小平および江沢民時代の軍改革の下敷きになっているとされ、彭徳懐の貢献が引き継がれた。

しかし、現時点で彭徳懐の直接的影響を考えると、「革命を成し遂げた英雄の一人」であるが「歴史上の人」と考えざるを得ない。軍人として推進した遊撃戦の思想も、現代の近代装備の下では「過去の思想」であろう。

今後への期待は、彭徳懐のような革命の英雄で清廉・崇高な精神が存在したということが、肯定的な歴史として現代中国の人々に伝わり、それが中国社会の向上に寄与することである。彭徳懐のような好人物が評価されるような社会は、良い社会と考えることが出来るのだろう。鄧小平政権の一時期にはこのような時期があったと思われる。現在の習近平政権下の中国は、窮屈な社会になっており再評価がなされるとは考えにくい。

現在では、湖南省湘潭市に彭徳懐の旧居と紀念館（写真巻末別添）があり、立派な銅像が建てられ、観光スポットになっているようである。訪問者の投稿に「銅像まで長い階段があり、長い努力による中国革命の勝利を象徴しています」「素晴らしい眺め、感情に満ち、古いハンサムな精神、そして永遠に元気があります」などとある。ここでは、彭の人生が肯定的に振り返られていると感じられる。

2 中朝関係

中国が朝鮮戦争に参戦した理由の一つは、アメリカを鴨緑江の向こう岸まで来させないことであった。その意味で、朝鮮戦争の結果として北朝鮮という緩衝地帯を残せたのは、戦争目的を達成したことになり、中国にとっては成功であった。

しかし、北朝鮮にとっては、三十八度線が残ったままで南北分裂国家として存続せざるを得なかった点で不満が残ったであろう。

朝鮮戦争後、競合幹部を次々に粛清し北朝鮮を独裁支配した金日成には、中国コンプレックスが残った。中国人民義勇軍の参戦時、金日成は中国から信頼されていなかったし、参戦後は、共産軍の指揮を彭徳懐に仰がざるを得ず、また金日成は彭徳懐から軽んじられるとともに、何回もその意見を拒絶されていた。したがって、停戦後も彭徳懐が死去するまでは、中国に近寄らなかったと言われる。

廬山会議の後、金日成は在朝鮮中国大使・喬暁光に対し次のように話した。

「私は八中全会の決議を完全に支持し、大躍進と人民公社、総路線および彭徳懐をはじめとする右寄りの機会主義反党集団に対する闘争に全面的な賛同を表明する。朝鮮労働党は彭徳懐の反党に特に驚きを感ずることはなく、むしろ予感がした。朝鮮労働党中央は、かつて彭徳懐に多くの不満を持ったが、両党間の団結に対する配慮で言わなかった(4)」。

この緩衝地帯としての北朝鮮の存在が持つ中国にとっての意義と、中国に気を遣わざるを得ない北朝鮮のコンプレックスは、現在もそのまま生きているように思える。また、北朝鮮の独裁体制と冒険主義は現在まで引き継がれているように思える。

朝鮮戦争が停戦して約六十年弱経ち、両国の指導者も代替わりしているが、上記の構造は基本的に変化がない、と考えられる。東アジアでの中朝関係を見るとき、現在でも有用な視点である。

二　彭徳懐の失脚に学ぶ「組織の中の人間」の在り方

彭徳懐の失脚は、現代の皇帝をめざした人間によって、政治的人間になれなかった一本気の人間がつぶされた事象であった。

彭徳懐は素晴らしい軍事的才能を持ち、軍事的実績を上げたが、政治的な思考ができず、他人との人間関係の扱いが下手であった。いわゆる「軍事専門バカ」であった、と思われる。

今回、彭徳懐について調べるにしたがい、彭徳懐の人間性、勇敢な革命精神と品性に感銘を受けるとともに、「専門バカ」の限界を感じた。

毛沢東のように偉大な人物でなくとも、組織社会に君臨する人間は多くいる。成功した会社トップやオーナー企業経営者などはその例である。このような人物は、成功者であり、多くは自分に自信があり、しばしば周囲の人間に忠誠を要求する。また、このような人物は、自分をあからさまに見えないようにしたいと望む傾向があり、単純明快に発言しない、あるいは極めて分かりづらい表現を用いる傾向がある。

毛沢東にもこのような傾向は顕著である。こういう人間の下で生き延びる、あるいは、その組織で上昇するのは大変難しいことで、必要なのは専門力でなく、（忠誠を尽くすことも含めて）巧みな政治力である。

彭徳懐も「軍事専門バカ」であったのではなかろうか、と書いたが、中国共産党の多くの幹部が、軍人でありながら政治家として二面的に活動した。鄧小平が良い例である。

しかし、彭徳懐は軍人としての一面的活動に限った傾向がある。この辺にも彭徳懐の政治力の欠如の原因があると考える。

彭徳懐も共産党トップになろうとは思っていなかったであろうが、残念な生涯の終わり方であった。もう少し良い終わり方をしてほしかったと思う。組織で生きてゆくための政治力があれば、もう少し違った終わり方が有り得たのでは、と考えるところである。


【注】

（1）『彭徳懐自述　増補版』彭徳懐著（田島淳訳）、サイマル出版会、一九八六年、十七～二十頁
（2）『中国共産党最新資料集　上巻』鄧小平「建国以来の党の若干の歴史的問題に関する決議」の起草に関する意見：太田勝洪、小島晋治、高橋満、毛里和子編、勁草書房、一九八六年、三二三～三三九頁
（3）『中国共産党最新資料集　下巻』中国共産党中央委員会「建国以来の党の若干の歴史的問題に関する決議（一九八一年六月二十七日、中国共産党第十一期中央委員会第六回総会が全人一致で採択）」太田勝洪、小島晋治、高橋満、毛里和子編、勁草書房、一九八六年、一～四十三頁
（4）『最後の天朝　下』沈志華著（朱建栄訳）、岩波書店、二〇一六年、五十九～六十頁

〈資料1〉

沈痛な思いを込めて

中国共産党中央委員会
副主席　鄧小平《ドンシヤオピン》

同志の皆さん、沈痛な思いをこめて、われわれはここに彭徳懐同志の追悼会をひらく。

わが党のすぐれた党員、古くからのプロレタリア革命家である彭徳懐同志は、かつて平江蜂起を指導し、紅軍第三軍団を創立した人である。わが党、政府、軍の多くの重要な職務を歴任した。一九七四年一一月二十九日、彼は、林彪、「四人組」の迫害を受け、北京で逝去した。七十六歳であった。

今日、華国鋒同志を主席とする党中央は、事実にもとづいて真理を求める精神にのっとり、党の政策を真剣に実行にうつし、彭徳懐同志について全面的かつ公正な評価をおこなって、その名誉を回復したのである。

半世紀に近い革命闘争のなかで、彭徳懐同志は偉大な指導者・毛沢東同志の指導のもとに、中国各地を転戦し、あらゆる困難と危険に遭遇しながら、革命戦争の勝利、人民軍隊の成長と拡大、社会主義祖国の防衛と建設のために、すぐれた貢献をした。その生涯は革命の生涯であり、党と人民に忠実な生涯であった。その不幸な逝去は、わが党とわが軍の重大な損失である。

彭徳懐同志の組織指導能力と軍事的指揮の才能は、卓越したものがあった。

第二次国内革命戦争の時期には、中国労農紅軍師団長、軍長、第三軍団総指揮員および中共中央軍事委員会副主席を歴任した。

長征の後期には、毛沢東同志を政治委員とする陝西・甘粛支隊の司令を担任し、陝西省北部に到達して以後は、紅軍の前敵総指揮員〔先鋒部隊の総指揮者〕の任についた。

抗日戦争の時期には、八路軍副総司令、中共中央北方局の書記代理をつとめた。

解放戦争の時期には、中国人民解放軍副総司令、第一野戦軍司令員兼政治委員を担任した。

中華人民共和国成立後は、中共中央西北局第一書記、西北軍政委員会主席、中共中央軍事委員会副主席、中央人民政府革命軍事委員会副主席、中国人民志願軍司令員兼政治委員、国防委員会副主席、国務院副総理兼国防部長を歴任した。

一九六五年には、中国西南部の戦略的後方基地建設の副総指揮員をつとめた。

党の第六期、第七期、第八期の中央委員、政治局委員となり、また第一期と第二期の全国人民代表大会の代表にえらばれた。

＊

湖南省湘潭県の貧しい家庭に生まれた彭徳懐同志は、少年期から苦しい労働に従事した。大革命の時期には、国民革命軍にあって大隊長、連隊長をつとめ、大革命の失敗後も新軍閥反対の立場を堅持し、秘密裏に兵士委員会を組織し、また労働組合、農民組合、学生会の革命活動を支持した。

きびしい白色テロのもとで、彭徳懐同志は毅然としてマルクス・レーニン主義の道をえらび、一九二八年四月、中国共産党に入党したのである。

一九二八年七月、中国革命の退潮期に、彭徳懐同志は有名な平江蜂起を指導し、紅軍第五軍を編成して湖南・湖北・江西省境における遊撃戦争を堅持し、湖南・湖北・江西省境根拠地をつくり上げた。同年十一月、紅軍第五軍の主力は井崗山におもむいた。

それ以後、彼は毛沢東同志の指導のもとで井崗山の闘争を堅持し、反「包囲討伐」の作戦と内外を驚嘆させた二万五千華里の長征に参加し、多くの重要な戦役や戦闘の指揮をとった。長征の紅軍が陝西省北部に到達して後、彼はさらに黄河を越える紅軍の東征の指揮にあずかった。

抗日戦争の時期には、彭徳懐同志は朱徳同志を助けて八路軍の指揮をとり、敵の後方に挺進して、困難な時期に華北地区の広大な抗日根拠地をつくり上げ、抗日戦争の偉大な勝利に貢献した。

解放戦争の時期、彭徳懐同志は毛沢東同志の偉大な戦略的決定を断固として実行にうつし、敵味方の力の差が大きく、困難な条件のもとで、部隊を指揮して勇敢に戦場をかけめぐり、蒋介石配下の胡宗南軍を殲滅して全西北地区を解放した。

新中国の成立直後、アメリカ帝国主義は朝鮮侵略の戦火を鴨緑江岸にまで広げた。この重大なときにあたり、彭徳懐同志は党中央と毛沢東同志の指示にしたがい、中国人民の重い委託を受け、中国人民志願軍司令員として中国の英雄的な健児をひきい、抗米援朝、国家保衛のために奮闘した。勝利の日まで朝鮮人民および朝鮮人民軍と肩をならべて戦い、プロレタリア国際主義の義務を立派に果たしたのである。

朝鮮から帰国して後は、彭徳懐同志はわが国の国防建設と経済建設の事業に力をつくし、辛苦をいとわず、すぐれた功績を残した。

党と人民を熱愛した彭徳懐同志は、偉大なプロレタリア革命の事業に忠実であった。作戦にあたっては勇敢であり、また気骨に富み清廉であり、己を律することは厳しく、大衆に関心を寄せ、個人の得失はまったく度外視した。困難をおそれず、進んで重責を担い、革命の仕事にたいしてはきわめて勤勉で、責任感にあつかった。

軍人および政治家として、彭徳懐同志は国内のみならず国際的にも著名であり、広範な党員および大衆に慕われ敬愛された人である。

彭徳懐同志の革命精神と高い品性に学び、我々は毛沢東思想の偉大な旗印を掲げ、華国鋒同志を主席とする党中央の指導のもとに一致団結して心を合わせ、マルクス・レーニン主義と毛沢東思想の指導下で思想を解放し全身を動かし、新しい時期の全般的任務の実現のため、社会主義の現代的強国建設の加速化のために勇躍して前進しよう！
彭徳懐同志の名は永遠に不滅である。
（一九七八年十二月二十四日。彭徳懐同志追悼会での追悼のことば）
（彭徳懐・著、田島淳・訳『彭徳懐自述』増補版　サイマル出版会より）

〈資料2〉

中国国防部長彭徳懐の共産党中央政治局廬山会議の意見書

一九五九年七月（二日〜）十四日（〜八月一日）
毛沢東共産党主席あて提出（廬山）

主席

今回の廬山会議は重要である。私は、党西北局小組会議で何回か発言したが、小組会議で言い残した若干の意見を、参考のために、ここに書き出した。ただ、私は、張飛のように、単純な男なので、粗雑になりがちである。それで、ご考慮を煩わすだけの価値があるかどうかも判らない。妥当を欠くところなど、ご教示頂きたいと思う。

甲　一九五八年の大躍進の成果は、疑いもなく素晴らしいものであった。国家計画委員会が調査し確認した幾つかの指標によれば、一九五八年の工農業総生産額は、一九五七年に比して四八・四パーセント増で、そのうち、工業は六六・一パーセント、農・副業は二五パーセント（食糧・棉花が三〇パーセント増産となったことは確実である）、国家財政収入は、四三・五パーセントと、それぞれ増加した。このような急速な成長は、世界各国でも、前例がなく、社会主義の建設速度の常識を破ったものであった。とりわけ、わが国のように経済基盤が薄く、技術や整備の点で遅れた国が、大躍進を経て、多く早く立派に無駄なくの総路線が正しかったことを基本的に証明してみせたというのは、わが国の偉大な成果であるばかりではなく、社会主義陣営内においても、今後、長期にわたって積極的役割を果たすことであろう。

一九五八年の基本建設の中には、今日からみると、あまり性急で、過大であった項目があり、その結果、一部の資金が分散し、一部の必須計画の達成が遅延した。これは、一つの欠点である。その基本的原因は、経験が欠如していたため、この点に対する理解が浅く、気付くのも遅れたことにある。そんな次第で、一九五九年に進行速度を落とし、適当な制限を加えることをしないまま、大躍進を継続することになり、不均衡現象に調整を加える時機を失して、新たな一時的困難を増大させてしまった。だが、これらの建設計画は、結局、国家建設に必要なものであるので、今後一、二年又はもう少し長い時間を経れば、逐次、成果を挙げることになる。現在もなお、欠落していると思われる部門や弱体だと思われる部分が幾つかある。その結果、生産が全体として整合したものとなっておらず、一部の物資については、どうしても必要な備蓄が欠乏することになり、急には調整もできないような不均衡現象と新たな不均衡を生み出させるに至っている。これが、いま当面している困難である。したがって、来年度（一九六〇年）の計画作成に当たっては、よりいっそう実事求是を穏当着実な基礎の上に立って真剣に考慮すべきであって、一九五八年及び一九五九年上半期に、まったく、完成の目処の立たなかった若干の基本建設項目については、この際、最大の決意をもって一時中止の措置を採るべきである。成果を挙げるためには切捨ても止むを得ないということであって、さもなければ、重大な不均衡現象がいつまでも続き、若干の面における受動的局面を脱することができずに、今後、四年間に英国に追い付き追い越すという躍進速度にも影響を及ぼすことになる。国家計画委員会には、それなりの計画があるが、各種の困難のため、なかなか決断を下せないでいる。

一九五八年の農村人民公社化は、きわめて偉大な意義を持つものである。これは、わが国の農民を貧困から徹底的に抜け出させたばかりでなく、社会主義から共産主義へ向かう正しい道筋の確立を早めた。所有制の問題では、一時の混乱が生じ、具体的な工作でも若干の欠点・誤ちが生じた。これは、いうまでもなく重大な現象であるが、武昌・鄭州・上海などの一連の会議を経て、既に、基本的には是正され、混乱現象は、基本的には既に過去のものとなっており、逐次、労働に応じて分配する正常な軌道に乗りつつある。

一九五八年の大躍進で失業問題は解決されたが、わが国のように人口が多く、経済的に遅れた国にあっては、この問題が迅速に解決されたことは、小さなことではなく、大きなことである。

全人民による鉄鋼生産運動の中で、小高炉を多数築き、資源（物資・財力・人力）を浪費したことは、無論、多大な損失であった。しかし、全国で極めて大掛かりに、初歩的な地質調査を行い、多くの技術要員を養成し、広範な幹部をこの運動の中で鍛練し、向上させることができたのであるから、学費（二〇億元）を払ったとはいっても、この面では失ったものもあるが、得たものもあると解される。

以上の幾つかの点からだけみても、成果は、確かに偉大であるが、一方また、深刻な経験・教訓も少なくないので、これを真剣に分析するのは、必要かつ有益なことである。

乙　工作の経験と教訓をどのように総括するか。

今回の会議に出席した同志諸君は、いずれも、これまでの工作の経験と教訓を探求しているところであり、また多くの有益な意見が提起されている。今度の討論を通じて、わが党の工作は、極めて良好な影響を受け、ある面での受動的な状態を能動的なものとし、一歩進んで社会主義経済法則を理解させ、経常的に存在している不均衡現象を適時調整し、「積極均衡」の意味を正しく理解させることができる、と思う。私見によれば、一九五八年の大躍進中に出現した幾つかの欠点と過ちのうちのあるものは、避け難いものであった。例えば、わが党が三〇余年来指導してきた数かずの運動と同様に、偉大な成果の中には、必ず欠点があるもので、それは、一つの問題の二つの側面である。現在、われわれが工作の中で直面している際立った矛盾は、均衡が失われたため、各方面の緊張が引き起こされているということである。その性質かららみれば、かかる情況の発展は、既に工人・農民の間、都市各階層の間の関係にまで、影響を及ぼすに至っている。したがって、このことは、また、政治性を持った問題であり、われわれが今後広範な大衆を動員して、大躍進を引続き実現する鍵ともなっている。

これまでの一時期の工作に現われた若干の欠点と過ちの原因は、多岐にわたっているが、その主観的要因は、われわれが社会主義建設の工作に不慣れで、十二分な経験を持っていなかったこと、計画的に均衡を保って発展するという社会主義の法則に対する理解が足りなかったこと、二本足で歩くという方針が各方面の実際の工作に貫徹されなかったことである。経済建設の過程で起きた問題を処理するとき、われわれは、金門島を砲撃し、西蔵反乱の鎮圧といった政治問題のように、思い通りにはいかない。他方、客観的情勢をみれば、わが国は、先ず経済的に貧しく（一部には、まだ食べるものも、満足に食べられない人びとがおり、去年の棉布は、一人当たり平均一八尺、即ち単衣一着とパンツ二枚しか作れない量に過ぎなかった）、さらには、文化的に空白だという遅れた状態にあり、人民は、現状の改変を切実に求めている。次に、国内・国際情勢は、有利に展開している。これらもまた、われわれの大躍進を促す重要な要因である。この有利な時期を利用して、広範な人民の要求に応え、われわれの建設工作の速度を早め、貧困と文化的空白というわが国の遅れた様相を出来るだけ早く改め、より有利な国際情勢を創り出すことは絶対に必要なことであり、正しいことだと思う。

これまでの一時期、われわれの思想方法と工作の面では、また、多くの注意すべき問題が露呈された。その主なものは、以下の通りである。

一、物事を無闇に誇大化する風潮がかなり普遍的に蔓延っており、去年の北戴河会議のときには、食糧生産高を過大に見積もり過ぎたため、一種の架空の現象が捏ち上げられ、皆は、これで、食糧問題はもう解決したので、人手を割いて工業に手を付けることができる、と考えた。しかも、鉄鋼生産の発展に対する認識は甚だしく、一面的で、製鋼、圧延及び砕石設備、石炭、鉄鋼石、コークス炉、坑木の仕入先、輸送能力、労働力の増加、購買力の増大、市場への商品出荷計画などを真剣に研究することがなかった。要するに、必要とされる均衡のとれた計画がなかったというわけであり、これらもまた、同様に、実事求是をないがしろにしたことから生じた欠陥である。これが多分、一連の問題を生み出す原因となり、物事を無闇に誇大化する風潮が、各地区・各部門に拡まるところとなった。また、幾つかの信じ難い奇跡が新聞・雑誌に発表されたことによって、党の威信は、確かに酷く損なわれてしまった。当時、各方面から寄せられた報告や材料からみると、今にも、共産主義が来そうな勢いであり、そのため、少なからぬ同志が逆上してしまっていた。食糧・綿花を増産せよ、鉄鋼生産を倍増せよ、という潮のような掛け声の下で、上すべりな浪費の現象が発展した。その挙句、秋の収穫がおざなりになり、原価もなにも考えず、実際には金がないのにあるかのような暮しをしてしまった。さらに重大なのは、相当長期にわたり、実情が掴めなかったということで、武昌会議及び今年一月の省・市党書記会議の点に至っても、依然として、情勢の真相を完全に掴むことができなかった。物事を無闇に誇大化するこのようなかかる風潮が発生するのには、それなりの社会的原因がある筈であって、よく研究してみる必要がある。また、これは、われわれの工作の中に、任務の指標のみがあって、具体的措置に欠けるものがあることと、無関係ではない。主席は、去年、既に、全党に対し、天にも届く意気込みと科学精神とを結び付けようと、そして二本足で歩くとの方針を指示されたが、どうも、多数の指導的同志は、十分これを理解していなかったようである。無論、私も例外ではない。

二、小資産階級の熱狂性が、われわれにあっけなく「左翼」的偏向の過ちを犯させた。一九五八年の大躍進を通じ、私は、他の多くの同志と同じく、大躍進の成果と大衆運動の熱っぽさに惑わされ、若干の「左翼」的偏向がかなりな程度まで発展させてしまって、とにかく、一跨ぎで共産主義へ到達しようと考えていた。そして、人に先んじようという思想がいったん優位を占めると、党が長期にわたって創り上げてきた大衆路線と実事求是の作風はなおざりにされて、思想方法の面でも、往々にして、戦略的な布石と具体的な措置、長期的な方針と当面の行き方、全体と局部、大きな集団と小さな集団などを、ごっちゃにしてしまった。例えば、毛〔沢東〕主席が提出された「少なく植え、よく実らせ、多く収穫する」、「一五年で英国に追い付く」といった口号は、いずれも戦略的・長期的な方針である。われわれは、研究をなおざりにしていた。われわれは、当面の具体的情況を研究し、工作を積極的かつ穏当着実な基礎の上で調整することに注意を払わず、一部の指標を次第に引き上げ、数字を次つぎに上積みして、本来なら数年又は数十年かかってやっと達成できる要求を、一年又は数ヵ月で達成できる指標としてしまった。そのため、実際から遊離し、大衆の支持を得られなかった。例えば、等価交換の法則が早まって否定され、早期に食事の無料提供が早まって提起された。一部の地域では、食糧が豊作であったとして、統一販売政策が撤廃され、食べたい放題に食べることが提唱された。また、ある種の技術が、よく見極めもされず、軽々しく普及されてしまった。ある種の経済法則と科学的法則が安易に否定された。これらは、すべて、一種の「左翼」的偏向というものである。これら同志は、政治優先を提起しさえすれば、すべてに取って替わりうると考え、政治優先は労働意欲を高め、生産物の量と質を保証し、大衆の積極性と創造性を発揮させ、それによって、われわれの経済建設を促進することを忘れてしまったのである。政治優先は、経済法則に取って替わることはできないし、ましてや、経済工作の具体的措置に取って替わることはできない。政治優先と経済工作には、それぞれ的確で有効な措置があり、両者は、ともに重視されるべきであって、一方だけを重視したり、一方だけを無視したりすべきではない。かかる「左翼」的偏向の現象を是正することは、一般的にいって、右翼保守思想を排除するよりも、困難である。このことは、わが党の歴史的経験によっても明らかなところである。昨年の後半には、右翼保守思想反対にばかり注意して、主観主義の方をなおざりにするような、ある種の空気が現われていたと解される。

昨年冬「一九五八年一一月」の鄭州会議以後の一連の措置によっては、一部の「左翼」的偏向の現象は、基本的に是正された。これは、一つの偉大な勝利であった。そして、この勝利は、全党の同志を教育したばかりでなく、同志の積極性を損なうこともなかった。

今や、国内の情勢については、既に基本的に明らかになり、特に、最近の数回の会議で、党内における大多数の同志の認識も、基本的には、既に一致をみている。当面の任務は、全党一致団結して、努力して工作を継続することである。われわれの昨年下半期来の工作の成果と教訓を系統的に総括してみることは、全党の同志をより一段と教育する上で、非常に役立つだろうと思う。その目的は、是非を明らかにし、思想を高めることにあり、一般的には、個人の責任を追及するものではない。さもなければ、団結にとっても、事業にとっても、好ましくないことになる。社会主義建設の法則などになれていなかったために生じた問題については昨年下半期以来の実践と点検により、幾つかの問題をはっきりさせることができたし、幾つかの問題は、もう暫く学習し、摸索することによって、学びとれるのではないか、と思っている。思想方法と工作態度に属する問題については、既に、このたびの深刻な教訓を経たことによって、われわれは、すぐさま、明瞭に理解することができたのである。だが、徹底的に克服するのには、なお、暫くの間、苦しい努力を続けなければならない、と思う。正に、主席が今回の会議で指摘された通り、「成果は偉大であり、問題は多く、経験は豊富で、前途は光明に充ちている」というわけである。主動的にわが全党を団結させ、奮励努力し、躍進続ける条件は、確かに存在している。今年、明年、そして今後四年間の計画は、必ずや勝利のうちに完成するであろうし、一五年で英国に追い付くとの努力目標は、今後四年内に基本的に実現し、若干の重要な生産物も、きっと英国を追い越すことができるであろう。これが即ち、われわれの偉大な成果であり、輝かしい前途なのである。

敬具

一九五九年七月一四日

彭徳懐

（『資料大系　アジア・アフリカ国際関係政治社会史』第二巻　浦野起央編

パピルス出版より）

あとがき

彭徳懐は、人民を愛し、部下や人民から愛される清廉な人物であったが、一方、一本気で政治的な行動のできない性格であった。「（軍事）専門バカ」であり、政治的な言動ができなかったのが、失脚に至った一因と考えた。

毛沢東に睨まれたら、誰しも失脚を逃れることは容易ではなかったと思われるが、政治的に行動できれば生き延びることはできたかもしれない。

「反冒進」で自己批判して以降毛に付き従った周恩来、および、毛沢東の存命中も上手に立ちまわり復権し、その後一時失脚するが、毛の死後に徐々に権力を掌握することに成功し中国を率いるに至った鄧小平はその例である。彭徳懐は彼らのように柔軟でなく同様には振る舞えなかったのだと思う。

著者も、技術研究者として現役時代を過ごしたが、専門技術研究に注力するほど「（技術）専門バカ」になり、政治力や経営力を身に付けることはできなかった。「専門バカの限界」の類似性を感ずるとともに、専門力と並行して政治力を身に付ける努力や経験を得ることが、組織人としては重要なことを再認識した。

また、研究の過程で、毛沢東の中国での幹部の様々な人間模様が観察された。林彪や（廬山会議での）劉少奇のようにゴマスリする人間、周恩来のように従順に指示に従うことに徹した人間、彭徳懐や（文化大革命前の）劉少奇のように批判的に行動したが故に失脚させられた人間など、である。

企業など組織社会で上手に立ち回るには政治力が必要である。恥ずかしいほどのゴマスリであったり、上手に人間関係を処理したり、利害調整したり、派閥闘争に勝ったり、といった政治力である。著者が長年勤務した会社組織においてもスケールは異なれど、毛沢東の中国の幹部世界と酷似した状況があった。これらの人間模様や人間関係は、いかなる組織においても多少の差はあれ同様なものなのであろう。また、毛沢東や劉少奇（おそらく他の幹部も）が睡眠薬の常用者であったことを知ったが、幹部連におけるストレスの高さが感ぜられたところである。この点も多くの組織の幹部連に共通のことであろう。

彭徳懐の歩んだ歴史を学んだ結果、今日の中国の政治と中国の対外関係（とくに中朝関係）について歴史的観点に立った視点を持つことができるようになったと感ずる。また、彭徳懐の生涯から、人間としての生き方や仕事の進め方（たとえば「勝ちを急ぐと、思想的には主観主義に、行動的には冒険主義になる」）も学ぶことができた。このような点も本書が有益な示唆を与え得る点である。

毛沢東の死後復権した鄧小平は、中国を指揮して改革開放を成功させたが、共産党一党独裁体制を守ることは必須であった。第二次天安門事件で民主派を抑えつけたのは鄧小平であった。習近平の中国においても、中国共産党一党独裁体制を守るためには、民主化を抑制せざるを得ないのであろう。折しも共産党成立一〇〇年を迎えているが、習近平政権の下では、彭徳懐が再評価される時代は来ないのではないかと感ずる。今後は、習近平の中国が行っている、市場経済発展と共産党一党独裁の二本足政策の実験がどのような将来を迎えそうなのか、を注視して行きたいと思う。

法政大学で卒業論文をご指導いただいた、法政大学・文学部史学科、准教授、斎藤勝先生に厚く御礼申し上げます。論文の方向付け指導と激励をいただきました。先生のガイド無しには本著作は有り得なかったと考えています。

なお、彭徳懐、ならびに彭徳懐紀念館の写真はウィキペディアから引用させていただきました。お礼申し上げます。

出版に際しては、文芸社の皆様にご助力いただきました。とくに、企画部・砂川正臣様ならびに編集部・吉澤茂様には、大変お世話になりました。感謝申し上げます。

彭徳懐　年表

西暦	彭徳懐　年表	中国共産党、国民党、世界史
1898	10.24 生誕（湖南省湘潭県石潭鎮）	
	9歳：家郷を離れる	
1911	13歳：炭鉱勤務	辛亥革命・四川保路運動
1912		1.中華民国成立（南京臨時政府）：孫文臨時大総統，副総統黎元洪 2.宣統帝退位
1913	15歳：洞庭湖のダム建設工事	7.孫文・第二革命（討袁）失敗、日本亡命
1914		第一次世界大戦
1915		日本21箇条要求　第三革命（21箇条要求廃棄、反袁闘争）
1916	17歳：3.湘軍（湖南軍）第二師団の兵卒	袁世凱死去
	18歳：小隊長	段祺瑞内閣：参戦決定、欧州へ20万人派兵
1918		陳独秀―李大釗マルクス主義研究会（北京大学）陳独秀『青年雑誌』『新青年』
1919		五・四運動、コミンテルン結成
1921		7.中国共産党成立
1922	湖南軍官講武堂入学	中共二全大会　5.第一回全国労働大会
1923	同上卒業、中隊長	孫文・ヨッフェ会談・共同声明、孫文大元帥
1924		1.国民党第一回全国大会：第一次国共合作
1925		3.中共四全大会　孫文死去
1926	北伐、国民革命軍第八軍（何鍵軍）参加大隊長	7.蒋介石の北伐開始（～28.7：国民党の大革命）

1927	連隊長	9．秋収蜂起 10．毛沢東：井崗山に革命根拠地樹立
1928	30歳、中国共産党に入党 7．平江武装蜂起を指揮 中国労農紅軍五軍を結成（軍長彭徳懐）	4．紅軍第四軍成立（朱徳軍長、党代表毛沢東） 6．北伐完了
1929	11．井崗山にて朱・毛と面会 井崗山死守の闘い→脱出	7．中共六全大会（モスクワ） 朱徳ら江西・福建にソヴィエト区建設
1930	6．紅五軍は紅軍第一方面軍第三軍団に再編 以降　紅軍主要指揮官として多くの軍功 7．長沙攻撃、長沙ソヴィエト政府樹立も短期で終了	5．紅軍会議（編成改訂）　1930年代　世界恐慌 6．6．11決議（李立三路線） 9．李立三路線停止 12．国民党の第一次赤軍包囲討伐戦
1931		王明路線（～34） 7．江西・瑞金に中華ソヴィエト臨時政府樹立 9．18　柳条湖事件＝満州事変
1932		10．寧都会議（毛周対立）
1933		11．福建事変
1934	10．長征に参加、紅軍第三軍長	4～9．国民党軍、共産党瑞金を攻撃（第5次包囲討伐） 1934．10～36．10　大長征
1935	1．中央軍事委員会副主席 一方面軍司令官兼政治委員 紅軍前敵総司令	1．遵義で中共政治局拡大会議、5．会理会議 毛沢東の支配権確立始動（朱周→毛朱軍へ） 6．第一方面軍、第四方面軍と合流（四川省） 8．中共抗日八・一宣言（抗日民族統一戦線） 10．紅軍陝北ソヴィエト着
1936		12．西安事件（～37．2）

西暦	彭徳懐　年表	中国共産党、国民党、世界史
1937	八路軍・副総司令官：抗日戦争指揮	7．8　毛沢東『実践論』『矛盾論』 7．盧溝橋事件：日中戦争開始　　8．八路軍編成 9．第二次国共合作 10．新四軍編成 11．日本軍上海占領、国民政府：重慶遷都 12．南京陥落、北京に中華民国臨時政府
1938	40歳、浦安修と結婚（二度目の夫人）	毛沢東『基礎戦術』『持久戦論』『遊撃戦論』 10．武漢三鎮陥落 10．六中全会、毛『新段階論』（毛の「中国化」主導性確立）
1939		中国共産党・幹部教育運動　　12．蒋介石陝甘寧辺区包囲
1940	百団大戦指揮	1．毛沢東「新民主主義論」 3．汪兆銘：南京に新政府樹立 8〜12．八路軍百団大戦（対日本軍大攻勢）
1941	党北方局書記	1．国民党軍・新四軍を攻撃（皖南事件） 12．国民政府　対日独伊宣戦 （皖南事変）
1942		延安整風運動（毛：留ソ派勝利） 2．米人スティルウェル国民党軍参謀に （〜44年）下郷運動、減租減息運動、合作社運動 民兵強化運動、生産運動、三三制（共産党、国民党、無党派 1／3ずつ）運動など 毛沢東「文芸講話」
1943		毛の指導権確立　国民党：第三次共産党攻撃 1．延安に日本人解放同盟成立　　5．コミンテルン解散

1944		10. 中共十大政策　11. 蒋介石カイロ会談出席 9. 米使・ハーレイ訪中　11. ハーレイ・毛沢東会談
1945	6. 七期一中全会：党中央政治局委員 8. 中央軍事委員会副主席・総参謀長	春　中共七全大会（毛沢東思想を党の基本とした） 4. 毛沢東「連合政府論」　5. 宋子文行政院長（重慶） 10. 国共双十協定 11. 内戦開始
1946	内戦時：西北野戦軍・司令官、 人民解放軍副総司令	1. 政治協商会議（重慶） 2. 政治協商会議慶祝大会襲撃 国共停戦協定 五四指示（土地改革問題） 10. 国民政府主席・蒋介石 6～12. 反米運動　12. マーシャルの国共調停
1947		3. 国民政府軍　延安占領 7～内戦 10. 中国土地法大綱公布
1948	50歳　4. 延安奪回	5. 新政治協商会議提唱 9～12. 三大戦役 12. 中共軍北京入城
1949	西北部五省攻略、西北軍区司令官 中央人民政府人民革命軍事委員会副主席 西北軍政委員会主席	4. 長江渡河、南京入城 10. 1　中華人民共和国成立 12. 国民政府・台北遷都
1950	朝鮮戦争：中国人民志願軍・司令官 10. 19　鴨緑江渡河 第一次戦役（10. 25～11. 5） 第二次戦役（11. 25～12. 10）	6. 25　朝鮮戦争勃発 9. 15　国連軍仁川上陸、10. 15　国連軍38度線突破 中朝軍：38度線奪回

西暦	彭徳懐　年表	中国共産党、国民党、世界史
1951	第三次戦役（12．31～51．2．10） 第四次戦役（51．2．11～2．18） 第五次戦役（4．22～5．22）	1．14　ソウル解放 4．マッカーサー解任、国連軍ソウル奪回 38度線膠着、7．休戦交渉開始
1952	春　中国へ帰国	
1953	7．朝鮮戦争休戦協定調印	中国・第一次五か年計画　スターリン死去
1954	9．国務院副総理兼国防部長、党軍事委員会委員 12～58．7　党中央軍事委員会拡大会議（計4回）主宰	
1955	9．一級八一勲章、一級独立自由勲章、一級解放勲章 元帥（朱徳に次ぐ序列2位の軍人）	
1956	9．第八回党大会で軍事活動報告 （ソ連をモデルにした人民解放軍の精鋭化・近代化、国境付近での敵撃滅論）	9．八全大会第一回会議　ソ連共産党20回党大会：スターリン批判
1957		1．中央軍事委員会拡大会議 11．毛沢東モスクワ訪問：大躍進打ち出し
1958	60歳　5．第4回党軍事委員会拡大会議：毛沢東が全軍の統帥となった。国防部長は軍令の権限を失った。 毛と彭の軍事路線に乖離	5．中国・第二次五か年計画 11．毛、国家主席を劉少奇に
1959	4～6．東欧訪問（軍事施設団長）	

	7～8．廬山会議：大躍進政策と人民公社化の是非議論 彭徳懐は上申書（私信）を毛に提出。↓毛沢東が会議席上で論難 国防部長、中央軍事委員会委員を解任された。	8．軍事委員会拡大会議
1962	6．八万言書を党中央に提出↓受入れられず	1．7000人会議
1965	11．中央西南局三線建設委員会第三副主任として成都へ 京劇・戯曲作品「海瑞罷官」は彭徳懐の解任を暗に批判したものとみなされ、糾弾された。	
1966	成都から北京へ移動 批判闘争会での紅衛兵の彭徳懐への暴行はすさまじかった	8．文化大革命開始 走資派批判、紅衛兵、四人組
1967	7．9　批闘会で7度地面にたたきつけられ肋骨を折られ、下半身不随となった。	
1969	（江青の意図にて軟禁状態に）	11．劉少奇死去
1971		9．林彪事件、四人組権力握る
1974	9．直腸癌と診断された。 11．29　死去（76歳） 死没地：北京市中国人民解放軍総医院	

西暦	彭徳懐　年表	中国共産党、国民党、世界史
	（四川省成都の一般墓地に葬られた）	
1976		9. 毛沢東死去、11. 四人組逮捕
1978	12. 鄧小平が権力を掌握、第11期三中全会にて名誉回復	

彭徳懐紀念館（湖南省湘潭市）

紀念館全景。2001年、中国共産党中央宣伝部は全国愛国主義教育基地に認定

彭徳懐故居。鄧小平筆「彭徳懐同志故居」が掲げられている

彭徳懐紀念館（湖南省湘潭市）

敷地面積は2490m^2

彭徳懐銅像

著者プロフィール

志田 善明（しだ よしあき）

1947年生まれ。1965年東京大学教養学部理科Ⅰ類入学。1969年工学部原子力工学科卒業。1971年同修士課程修了。同年住友金属工業株式会社入社。中央技術研究所にて、腐食防食、新素材の研究開発に従事。この間、（英）マンチェスター工科大Ph.D（1979）。
2002年株式会社SUMCO入社。2010年ミライアル株式会社入社。2017年現役引退。2018年法政大学通信教育部・文学部史学科学士入学。2021年３月同卒業。

彭徳懐《ほうとくかい》の中国革命　毛沢東に直言した熱血・清廉な軍人の生涯

2021年11月15日　初版第１刷発行

著　者　志田 善明
発行者　瓜谷 綱延
発行所　株式会社文芸社
〒160-0022　東京都新宿区新宿１－10－１
電話　03-5369-3060（代表）
03-5369-2299（販売）

印刷所　株式会社フクイン

ISBN978-4-286-23144-0